国家自然科学基金项目(编号:41071088)

国家自然科学基金青年基金项目(编号:41301172)

黑龙江省普通本科高等学校青年创新人才培养计划项目(UNPYSCT – 2017193、UNPYSCT – 2017184)

哈尔滨师范大学博士启动基金(编号:XKB201815)

区域空间经济效率
——测度·分异·机理

张　鹏　张栩嘉　刘贺贺　吴彩鹤　著

哈尔滨工程大学出版社
Harbin Engineering University Press

内 容 简 介

空间经济效率是在空间结构影响下对区域经济性能的综合衡量,其本质是由于空间要素的集聚和扩散所形成的空间结构对经济效率的外部影响,类似于西方学者所说的"空间结构网络外部性"或"城市化外部性"。本书运用多元统计模型在空间、效率之间建立耦合关系,尝试回答"什么样的空间结构更具效率"这一地理学和经济学的核心问题,同时构建"结构－过程－效率－机理"理论研究框架,可为我国广泛开展的多尺度国土空间规划提供一定的理论依据。

本书可供经济地理学、区域经济学和城乡规划相关领域的研究生和学者阅读参考。

图书在版编目(CIP)数据

区域空间经济效率：测度·分异·机理／张鹏等著. —
哈尔滨：哈尔滨工程大学出版社,2019.12
ISBN 978 - 7 - 5661 - 2506 - 4

Ⅰ. ①区…　Ⅱ. ①张…　Ⅲ. ①区域经济发展－研究－
中国　Ⅳ. ①F127

中国版本图书馆 CIP 数据核字(2019)第 222970 号

选题策划　夏飞洋
责任编辑　刘凯元
封面设计　李海波

出版发行	哈尔滨工程大学出版社
社　　址	哈尔滨市南岗区南通大街 145 号
邮政编码	150001
发行电话	0451 - 82519328
传　　真	0451 - 82519699
经　　销	新华书店
印　　刷	北京中石油彩色印刷有限责任公司
开　　本	787 mm × 960 mm　1/16
印　　张	10.5
字　　数	215 千字
版　　次	2019 年 12 月第 1 版
印　　次	2019 年 12 月第 1 次印刷
定　　价	45.80 元

http://www.hrbeupress.com
E-mail：heupress@ hrbeu.edu.cn

前　　言

　　基于集聚经济和规模经济能够提高劳动生产率这一共识，西方学者从人口集聚的角度研究了区域空间结构与经济效率之间的关系，认为人口集聚同样能够提高劳动生产率，从而使空间结构的效率问题成为研究热点。本书从集聚经济（集聚外部性）和城市化经济外部性角度探讨了我国省级行政区的城市化空间结构与经济效率的关系，尝试回答在我国各省级行政区目前所处发展阶段，究竟哪种空间组织形式更具效率。本书选取中心度、集散度、空间紧凑度、网络通达度和首位城市规模作为衡量区域城市化空间结构的指标体系，选取劳动生产率、经济关联度和投资产出率作为衡量区域经济效率的指标体系，运用最小二乘法（OLS）和二阶段最小二乘法（TSLS）等统计学方法，尝试构建二者的影响关系框架，并分析其作用机制。

　　本书中的空间经济效率广义上是对区域经济效率的综合衡量，如区域经济生产效率、区域内部经济关联程度和区域经济发展潜力等；狭义可近似看作区域的集聚经济（即区域内部生产活动与生产要素）在空间上的集聚和分布对经济效率的影响。由此确定本书研究重点为探讨区域城市化地区的人口密度、人口分布、人口规模等城市化空间结构要素及变化对经济效率的影响。

　　本书通过揭示区域城市化发展过程中城市化空间结构的变化规律、经济效率对城市化空间结构的响应特点及机制，为我国普遍开展的省域城镇体系规划提供一定的理论依据，以避免目前盲目照搬西方区域发展模式的现象。本书共包括 10 章，作者分工如下：张栩嘉负责第 3 章、第 4 章和第 5 章的统计部分；刘贺贺负责第 3 章、第 4 章和第 5 章的分析部分；吴彩鹤负责第 8 章；张鹏负责全书其余章节。同时要特别感谢张楚玥、蒋燕、张明瑞、王旭对全书图表和文字的校对。

　　限于作者水平和经验，书中难免有不足之处，敬请读者和同行专家批评指正。

张　鹏

2019 年 7 月于哈尔滨

目　　录

第1章 绪 论

1.1 城市化发展现状及存在的问题

城市化(urbanization)是当今世界上重要的社会、经济现象之一。全球城市化发展速度迅猛,城市化率从1950年的30%发展到2010年的52%,即当今全球有半数以上的人生活在城市中。根据联合国人居署编制的《全球化世界中的城市:全球人类住区2001》,到2030年,全球城市化率将达到60%,因此我们已经进入了一个城市化的世界。

随着城市化进程的不断加快,全球区域呈现出以下发展特征:一是城市化发展节奏较快;二是欠发达区域的经济发展速度跟不上城市发展的速度;三是出现大城市区域(the great metropolises)这一新(城市)区域形态。1950年,全球只有纽约和伦敦两座城市的人口达到800万以上,1970年达到这一规模的城市增加到11座,1994年全球人口超过800万的大城市共有22座。其结果不仅使人口和财富进一步向大城市集中、大城市数量急剧增加,而且出现了超级城市、巨城市、大都市区、城市群和城市连绵带等新型城市群体空间组织形式,如伦敦-伯明翰-巴黎-鹿特丹-鲁尔地区、波士顿-纽约、芝加哥-底特律、旧金山-洛杉矶-圣迭戈、蒙特利尔-渥太华、达拉斯-休斯敦-亚特兰大、东京-大阪等世界著名的大城市经济区。城市化快速发展对城市区域的影响是多方面的,在空间上以区域空间结构的演变对城市化发展的响应最为明显,例如人口的快速集聚和扩散、产业的集聚和分工。近年来,经济地理学、城市地理学和空间经济学在研究空间集聚时得出了较为一致的结论,即认为空间集聚可以提高劳动生产率并促进就业。大量的实证研究也表明,城市规划和城市功能存在明显的正相关,这种相关不仅体现在经济上,也表现在社会和环境条件方面。大多数学者认为这种相关能够间接证明集聚外部性的存在,也认为集聚外部性确实能够产生这样的影响。但外部性有正外部性和负外部性之分,当把焦点聚焦在集聚外部性所能带来的生产率提升时,往往忽视了(城市)区域空间结构对经济效率影响的内在机理,同时也应回答什么样的空间结构最优,即适合区域经济发展的空间结构模式选择。

改革开放以来,中国城市化进程明显加快,现阶段已进入到城市化快速发展阶段,如图1-1所示。

城市化率/%

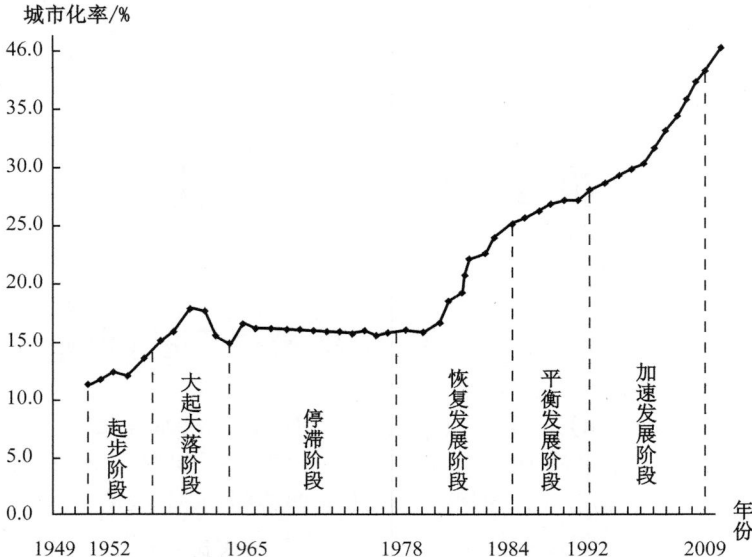

图 1-1 中国城市化发展阶段

2008 年,中国城市化率为 45.6%,城市人口 6.1 亿人,比 1980 年的城市化率 (19.4%)和城市人口(1.9 亿)提高了 26.2 个百分点和 4.2 亿人。中国城市化发展的成就是显著的,但也存在着较为明显的问题,具体表现在如下几方面。

1. 城市化滞后于工业化

城市化发展动力的差异导致城市化发展阶段及发展速度很难与工业化相协调。拉美地区城市化进程快于工业化进程,而中国的城市化发展恰恰相反,明显滞后于工业化发展。美国经济学家钱纳里在对全球 100 多个国家的城市化和工业化发展规律进行研究时认为,城市化水平与人均国内生产总值(GDP)具有一定的正比例关系。人均 GDP 达到 800 美元时,城市化率应达到 60%。2003 年我国人均 GDP 已经达到 1 000 美元,但城市化率刚刚达到 40%,2008 年中国城市化水平为 45.6%,仍未达到 60% 的水平。因此,中国城市化发展水平滞后于工业化水平。

2. 城市化水平地区差异明显

由于城市化发展与经济发展具有同步性,因此我国城市化发展水平与经济发展水平的空间分布特征相似,同样呈现东高西低的空间分布格局。2008 年,我国东、中、西部城市化水平分别为 55.4%、41.2% 和 36.9%,呈现明显的由东向西阶梯状递减的分布特征。东部区域城市化水平比西部区域城市化水平高出近 18.5 个百分点,地区间差异明显。

3. 城市化质量较低

中国城市化质量较低主要体现在以下几个方面:

（1）半城市化现象突出，第二代农民工比例持续上升，长期生活在城市的农村户籍居民，难以得到与城市居民同等的权益和社会保障；

（2）城市基础设施建设水平较低，表现在交通拥堵、居住条件差、环境污染严重、人均公共绿地面积小等，导致城市居民生活质量不高。

4．大城市人口集中度低

大城市人口集中度反映中心城市吸纳和集中城市人口的能力。大城市人口集中度高，有利于集中、高效地发挥城市基础设施的功能，增加这些设施与资源的受益人群，能增加产业的集聚效应和形成规模经济，在一定程度上也能反映一个国家城市化的质量和效果。目前，中国特大城市人口集中率（特大城市人口占城市总人口的比例）为11%，世界平均为16%，中低收入国家平均为17%，美国为39%，德国为41%，日本为37%，低收入国家为10%。在这项指标上，中国处于低收入国家水平。

由此可见，中国的城市化发展存在的问题是多方面的，城市化发展的不均衡、发展水平低、城市化滞后于工业化这些问题都影响着区域空间结构的演化和重组，这也为我国开展的城镇体系规划进行空间结构模式选择带来了挑战。

1.2 城市化空间效率的背景与意义

1.2.1 城市化空间效率的背景

1．学术背景

从城市化空间的学术背景看，区域快速城市化过程中所呈现出的空间结构模式选择和经济效率问题已经引起国际上经济地理学、空间经济学和城市学界的广泛关注。该领域的国外学者在成功证明"单个城市的集聚可以提高劳动生产率并促进就业，城市规模或密度与城市功能和集聚外部性存在显著相关"的基础上，开始把目光聚焦在区域－城市尺度上是否存在多核心集聚空间组织的集聚外部性的问题上，提出了城市网络体系外部性、空间外部性区域、区域外部性、网络经济学和城市化外部性这样的科学命题。我国学者在《中国至2050年区域科技发展路线图》中，也把"城市化空间形态的效应问题"作为未来城市化研究的主要内容。目前，围绕上述有关城市化空间结构及其经济效率命题的科学研究尚处于起步阶段，更缺乏对单一城市（区域）或定居点集聚外部性的大量实证研究。

2．应用背景

从应用背景看，我国已经形成一套由国土规划→城镇体系规划→城市规划→镇规划→乡规划→村庄规划等组成的空间规划系列，其中城市规划和镇规划分为总体规划和详细规划，详细规划又分为控制性详细规划和修建性详细规划。城镇体系规划处在衔接国土规划和城市规划的重要地位,其要达到的目标是通过合理组织体系内各城镇之间、城镇与体系之间及体系与其外部环境之间的各种经济、社会等方面的相互联系,探究整个体系的整体空间效益。目前,我国在编制区域城镇体系规划过程中,对于城镇空间布局和结构模式的选择,如发展单中心的大城市还是发展多中心的城市集合,几乎都是根据以往的经验进行定性分析,缺乏定量研究依据。由此可见,在我国研究区域城市化空间结构及其经济效率是一个具有应用前景的科学选题。

1.2.2　城市化空间效率的意义

1. 理论意义

一是通过引用经济效率的概念,分析我国城市化空间结构对区域经济性能的直接影响和间接影响,为回答"究竟什么样的城市化空间结构具有更好的经济效率或正外部性"这一学术难题提供经验实证结果,同时通过与国外实证研究的对比,初步回答发达国家真正意义的大都市区和中国省级行政区域是否有相同的结构 - 效率关系。

二是通过区域城市化空间结构和经济效率关系分析、完善和深化空间结构的研究框架,即在"格局(结构) - 过程 - 机制"的研究范式基础上增加"效率"研究,初步揭示"城市化空间结构 - 效率"的数值关系、演变过程和作用机制。

2. 实践意义

国内外的实证研究表明,通过规划手段优化空间结构进而提高经济效益是具有显著效果的。目前,我国东南沿海地区经济和城市化高速发展带动空间结构剧烈变动,日益优化的空间结构反过来更加有利于区域经济的发展。但东北地区、中西部地区经济发展速度相对较慢,对空间结构的作用效果不明显,空间结构依然呈现极化特征,中心城市以外的市镇自下而上的城镇化动力较为弱小,由此也导致城市发展模式仍然以"摊大饼"的方式向外圈层扩展。因此,东北地区、中西部地区迫切需要进行空间结构优化,同时相对发达地区的城市化空间结构是否合理尚需论证。

本书通过揭示区域城市化发展过程中城市化空间结构的变化规律、经济效率对城市化空间结构的响应特点及机制,可对以上问题进行尝试性解答,并为我国普遍开展的省域城镇体系规划提供一定的理论依据,以避免目前盲目照搬西方区域发展模式的现象。

1.3　数　据　说　明

本书所使用的原始数据主要来源于中国城市统计年鉴,数据年份为 2000 年、

2005 年和 2008 年,统计指标包括各省地级市及市辖区总人口、非农人口、GDP、面积、县城数量、就业人口、固定资产投资、三产比重、工业总产值、实际使用外资金额、高等学校专任教师数量、普通中学专任教师数量、小学专任教师数量、交通用地面积、公路里程等。

本书研究所需的城市化空间结构指标均是利用各省级行政区地级市市辖区指标计算所得,因此对北京、上海、天津和重庆这四个无地级市建制的直辖市进行了特殊处理,即中心城区计做该市的首位城市,其他县区在计算时和其他省份的地级市同样处理,并统计县城相应指标。

本书相关工具变量数据来自相应年份的中国城市统计年鉴和省级统计年鉴,研究范围为中国省级行政区,由于受行政建制的限制,个别地区的数据缺失,因此本书的研究范围不包括新疆维吾尔自治区、西藏自治区、海南省、青海省及中国台湾地区。其他个别地区的部分指标数据也存在缺失,已用相应年份的省级统计年鉴数据进行了补齐。另外以下地区由于行政建制、行政区划调整或特殊地位及功能的原因,不在本书数据统计范围内:内蒙古自治区的巴音郭楞、博尔塔拉,贵州省的毕节,云南省的大理州、迪庆州、德宏州、红河州、西双版纳地区、文山州,黑龙江省的大兴安岭地区,湖北省的恩施市,甘肃省的黄南州、临夏市、凯里市、都匀市、兴义市,吉林省的延边州,河南省的济源市,湖南省湘西土家族州和四川省的凉山彝族州等。

由于各指标存在单位不统一的情况,因此在方程拟合过程中,对各指标分别取 log10,进行了无量纲化处理,并对指标计算中涉及 GDP 和工业总产值的数据进行了不变价处理。

第2章　空间结构与经济效率

2.1　空间及空间结构相关概念

2.1.1　空间的概念

空间是一个非常抽象的概念,既可以是对客观存在的反映,也可以是对虚拟世界的描述,是一个多学科的范畴。对于地理学中"空间"的意义,康德在相关论述中进行了阐述,并由哈特向进行了完善。历史学与地理学的区别主要在时间和空间上,空间是一个难以捉摸的哲学字眼,因此目前尚未有统一的认识。哲学中的空间,一般认为是物质的一种存在形式,是运动着的物质的广延性、伸展性,指物体的位置、规模和体积,因此具有多维性的特点。地理学中的空间除具有哲学意义上的空间属性以外,还包括农业、工业、商业、居民点、交通和基础设施等客观物质实体,具有经济性、区位性、集聚性和扩散性等特点。正如哈格特强调的那样,地理学是研究空间分布的一门科学,本书研究所提及的空间即地理学意义的空间。

2.1.2　空间结构的概念

物理学认为凡是由多要素构成的物体都是按照一定的结构组成的。"结构"一词,原指建筑物的内部设置,后来被引用到其他学科,主要指的是构成整体的各部分之间的关系及各部分与整体之间的关系。瑞士学者皮亚杰从心理学的角度探讨了结构,指出人类心理发展具有某些基本模式(结构),并认为结构是一种关系的组合,其本质是"整体不等于部分之和"。

目前,学术界对空间结构概念的认识尚未达成一致,R. J. 约翰斯顿主编的《人文地理学词典》对空间结构的定义为:用来组织空间并涉及社会和自然过程运行和结果的模式。西方人文地理学界将空间结构概念的理解和发展过程分为三个阶段,如图2-1所示。

第一阶段:认为"空间关系"是"唯一最重要的",严谨的科学地理学必然走向形态学和依据"形态学法则"的内在空间序列研究,更简单点地说即为模式研究。

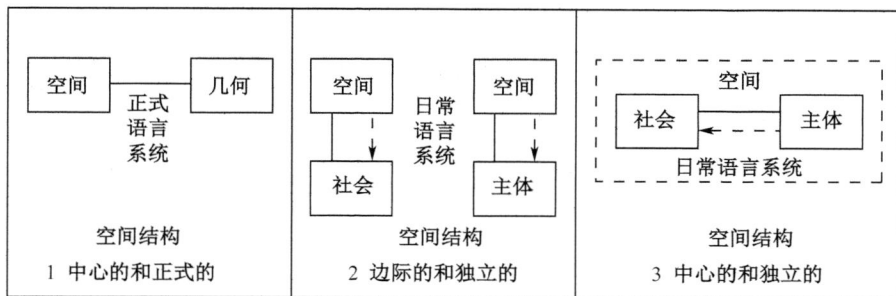

图 2-1　空间结构概念的理解和发展过程

随后邦奇提出了基于在空间过程和空间结构之间的二元论理论地理学,也就是说在"地球表面的活动"和"地球表面现象的结果排列"之间的二元论理论地理学。同时,邦奇支持费舍尔把空间结构定义为"用几何学最能解释'结构'"的观点,据此他认为"空间的科学(地理学)找到了空间的逻辑(几何学)作为锐利的工具"。这种几何传统的复兴是人文地理学中区位分析的主要特征和作为空间科学的地理学的组成部分。出自这一观点,空间结构常被解释为空间过程这一非常正式的概念,即解释为数学空间中的抽象序列,而不是具有因果关系机制的具体结果。

第二阶段:在这一阶段对特定空间结构的生产和再生产的过程认识趋向于独立的陈述,而不是替代过程。在这个思想转变过程中,人类学、心理学、政治经济学、社会学等把空间结构看作是附带现象,或是人类社会的一种反映,认为在最初非空间的人文和社会科学中可以找到典型的空间结构的解释,而空间结构对人类主体和社会的影响则很少考虑,认为空间结构对这些交换是边际的,不考虑社会和主体之间会通过空间产生联系。

第三阶段:这一阶段是第一阶段和第二阶段对空间结构的两极分化理解和相互渗透的阶段,这使得社会关系和空间结构之间独立存在的联系成为用来探索跨越整个社会科学范围的一个主要焦点。空间结构既是人类主体和社会之间发生联系的纽带和结果,同时也深刻制约着主体和社会之间的联系。

本书所提及的城市化空间结构是指区域在城市化发展过程中,已经城市化的地区(中心城市)的社会经济客体在空间上的相互作用及所形成的空间集聚程度和集聚形态。其同样侧重于人类主体的作用,即生活在城市中的人的集聚状态。本书重点探讨区域城市化地区的人口密度、人口分布、人口规模等城市化空间结构要素及其变化对经济的影响,因此本书研究的前提假设是区域城市化空间结构对经济效率有影响,即城市化空间结构既是人口和经济之间发生联系的表征,同时也制约着人口和经济之间的联系。

2.2 经济效率相关概念

本书提及的经济效率类似于规模经济效率或集聚经济效率,但又不完全相同,规模经济效率或集聚经济效率是指经济活动的空间集聚或生产规模的扩大有利于提高生产效率、降低成本和增加消费者效用,进而加快经济增长速度的效率。

人作为所有经济活动的主体,决定着经济活动在空间上的集散,而经济活动在空间上最突出的特征就是趋于集聚,正是由人主观意识决定的经济活动不断在地理空间上的集聚,才促使区域增长极的产生,即城市的形成和发展。正如廖什所说:"即使地球表面是完全均质的,城市也依旧会产生。"在产业发展过程中会出现集聚现象,是因为集聚能够使经济活动的主体获得比单独发展更多的经济效益及成本节约,我们称之为正外部经济效率,也就是我们常说的集聚经济。因为集聚能够将分散的经济活动及生产要素在空间上进行集中同时进行优化配置,在资源、信息、人才等共享的基础上产生成本节约、收入或效用增加的系统力量。其具体表现在:①空间集聚能够产生规模经济效率;②空间集聚能够共享基础设施和公共服务,能够获得外部经济效率;③空间集聚能够产生信息传递效应,有利于促进信息交流及技术的推广和扩散,同时也刺激着新知识、新观念的产生。

城市化是一个动态的发展过程,既包括生产要素及经济活动在城市地理空间上的集聚,同时也伴随着经济、政治、文化、人口、制度等方面的社会变迁。多元化的企业、居民、社会团体聚集在一起,在对城市发展提出新的要求的基础上,不断推动着城市的发展和扩张,成为城市化发展的基本动力。胡佛将这种集聚经济分为地方化经济与城市化经济:地方化经济主要强调行业集聚,即相似行业或相关行业在某一地区集中,所带来的好处包括成熟的劳动力市场、原料运输及产品投入市场的低运费、知识或信息的交流及溢出;城市化经济则强调经济活动的集聚,这种集聚所带来的收益主要包括共享专业化投入、经济服务及其他基础设施等。因此,这两种类型的集聚经济所产生的城市化结果是不同的,前者强调点状的城市化,后者则强调面域城市化。

随着经济全球化的不断深化,更大尺度的地域分工与合作促使着跨国公司生产结构和生产空间的变化和重构,相应的,新经济地理理论也应运而生。1991年,克鲁格曼提出了新经济地理理论,其更强调解释和分析经济活动在各尺度地理空间上的集聚现象。藤田、克鲁格曼及维纳布尔斯等的研究倾向于微观主体,并以迪克西特和斯蒂格利茨的垄断竞争模型及萨缪尔森的冰山成本理论为基础,建立了三种解释经济集聚的模型:一是区域模型,即中心-外围模式;二是城市模型,即城镇体系及层级的演化;三是国际模型,即经济全球化和国际贸易。这些模型在解释产业集聚、城市化发展及空间差异等方面作用突出,并能回答产业集聚在一地的原因。

过度的集聚也会带来生产效率的下降,通常用"拥挤效应"这个名词来解释集聚不经济。当经济活动在某一地区集聚到一定程度,由于人口众多,企业密集,因此相互间竞争激烈,而且城市病伴随而生:土地、水、电等生产资源因需求而价格上升,劳动力短缺、交通拥堵、环境污染,以及基础设施建设滞后带来的城市恶性运行及恶性发展等。这时的集聚不再带来经济效益的提升,取而代之的是产业的梯度转移和承接扩散。如果说集聚代表向心力的话,那么扩散就代表离心力,区域城市化的发展也正是这两"力"共同作用的结果,如图 2 - 2 所示。

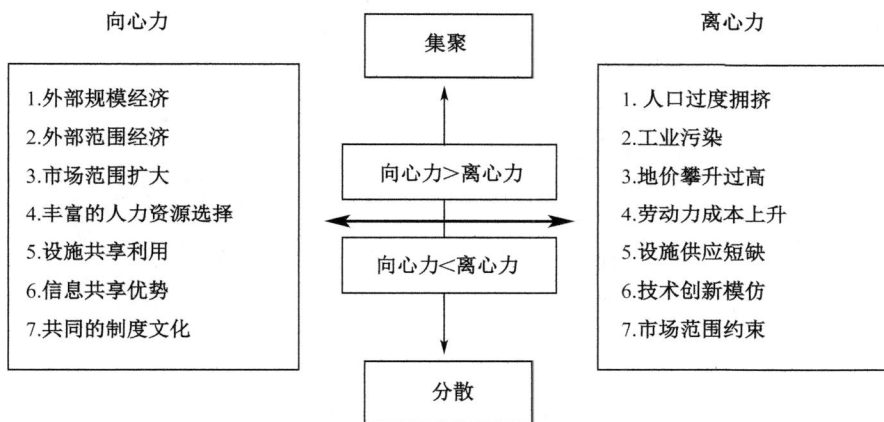

图 2 - 2　集聚经济与集聚不经济

本书中的经济效率广义上是对区域经济效率的综合衡量,如区域经济生产效率、区域内部经济关联程度和区域经济发展潜力等。经济效率的狭义内涵可近似看作区域的集聚经济,即区域内部生产活动与生产要素在空间上的集聚和分布对经济效率的影响。本书中的经济效率研究更侧重于人的作用,即人在空间上的集聚所产生的如规模、密度、分布等状态对区域经济效率的影响。换句话说,经济效率是经济发展对区域人口空间状态的响应。

经济效率的相关理论主要包括规模经济理论、经济增长理论、产业集聚理论、资源配置理论、区域经济一体化理论等,在本书中不做详细介绍。

2.3　空间结构的基本理论

2.3.1　空间结构经典理论

1. 区位论

空间结构理论起源于德国学者的区位论。1826 年,冯·杜能最早注意到区位对运输费用的影响,并就如何确定最佳区位,即古典区位理论所关注的问题展开研究,并在19世纪初他所出版的《孤立国对于农业和国民经济之关系》一书中指出距离城市远近的地租差异即区位地租或经济地租,是决定农业土地利用方式和农作物布局的关键因素。由此他提出了以城市为中心呈六个同心圆状分布的农业地带理论,即著名的"杜能环",杜能农业环及圈层结构如图2-3所示。

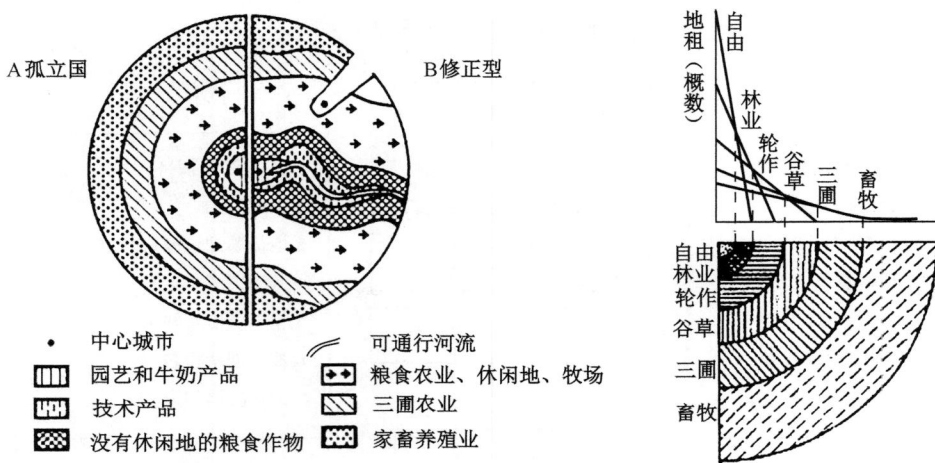

图2-3 杜能农业环及圈层结构示意图

德国经济学家艾尔弗雷德·韦伯继承了杜能的思想,在20世纪初发表了两篇名著,即《论工业区位》(1909)和《工业区位理论》(1914)。韦伯得出三条区位法则,即运输区位法则、劳动区位法则和集聚或分散法则。他认为运输费用决定工业区位的基本方向,理想的工业区位是运距和运量最低的地点。除运费以外,韦伯又增加了劳动力费用因素与集聚因素,认为由于这两个因素的存在,原有根据运输费用所选择的区位将发生变化。沃尔特·克里斯塔勒通过对货物的空间分布和市场研究创立了中心地理论,在其名著《德国南部的中心地》一书中,将区位理论扩展到聚落分布和市场研究,认为组织物质财富生产和流通的最有效的空间结构是一个以中心城市为中心且由相应的多级市场区组成的网络体系。在此基础上,克里斯塔勒提出了正六边形的中心地网络体系。廖什构建的中心地模型则没有严格要求高等级中心地必须拥有低等级职能,因此就复杂程度和空间结构形式来说,相比克里斯塔勒的中心地模型要复杂一些。克里斯塔勒的中心地模型主要揭示了城市规模分布的等级结构,而廖什的中心地模型主要反映的是人口规模的连续分布。克里斯塔勒三原则下的中心地空间模式及廖什中心地模型示意图如图2-4所示。

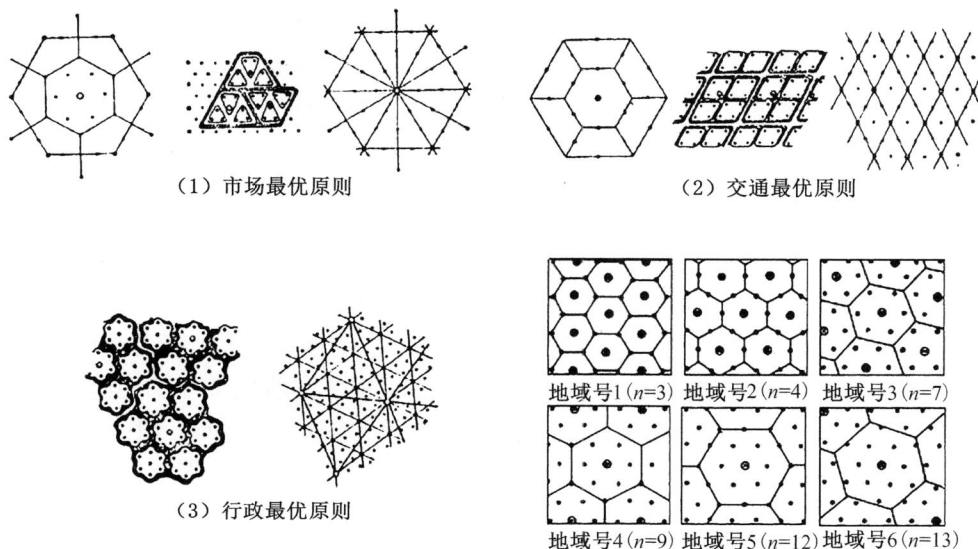

（1）市场最优原则　　　　　　　　　（2）交通最优原则

（3）行政最优原则

地域号1（$n=3$）　地域号2（$n=4$）　地域号3（$n=7$）

地域号4（$n=9$）　地域号5（$n=12$）　地域号6（$n=13$）

图 2-4　克里斯塔勒三原则下的中心地空间模式及廖什中心地模型示意图

很多学者在以上经典区位理论基础上，进一步对相关理论进行了完善和扩展，具有代表性的有 Walter Isard 的新古典主义总体空间均衡理论、Christaller 的零售区位理论、Alfred Marshall 的地方化和外部经济及 Koenig 的区域网络等。另外，还有学者对城市区位论和市场区位论进行了研究。以上理论大多以实现区位成本最小化为目标，在优化空间结构的基础上，提高空间效率，这也为本书的研究提供了理论支撑。随着区域研究的逐渐深化，区位理论不断得到完善和发展，从传统的单要素研究向综合研究发展。德国学者奥古斯特在其 1939 年出版的《经济空间秩序——经济财货与地理间关系》一书中，在对以往区位理论总结研究的基础上，提出对区位论的研究要从静态的单要素，如农业区位、工业区位等，向动态的多要素综合研究扩展。该书被学术界普遍认为是西方区位论研究承前启后的著作。

国内地理学界对区位论的研究开展较晚，但进行了积极的引入、探讨和实践应用，相关研究主要集中在对西方传统区位理论的阐述和分析（陆大道，1988）、对区域体系中除区位以外的经济地理空间的探讨（王至元、增新群，1988），以及对区位论的再认识（杨吾扬，1992）。还有学者对要素空间结构进行了探讨，如工业空间结构（陆大道，1990；李诚固，1996）和产业空间结构（李小建，1997）等。

2. 空间相互作用理论

为了保障生产、生活的正常运行，城市之间、城市和区域之间总是不断地进行着物质、能量、人员和信息的交换，我们把这些交换称为空间相互作用。关于空间相互作用理论，美国学者厄尔曼在 1956 年提出了相互作用产生的条件，即互补性、可运输性和中介性。其他学者的研究主要集中在城市吸引区边界划定及相互作用模式上。关于城市吸引区的研究，格林（H. L. Green）在对纽约和波士顿相互影响的研究中，分别测量了纽约与波士顿之间的平均边界，即在这一条边界上纽约与波士顿的影响相同，然后综合出一条纽约和波士顿之间的模式边界；赖利（W. J. Reilly）在1931年根据牛顿力学中的万有引力理论，提出了"零售引力规律"，该规律证明了一个城市对周围地区的吸引力与它的规模成正比，与离它的距离成反比；康弗斯（P. D. Converse）于1949年提出了"断裂点"概念，发展了赖利的理论，其认为城市规模越大，其吸引区也越大，城市间的断裂点更靠近规模小的城市。关于相互作用模式的研究，J. Q. 司徒瓦特建立了基于万有引力的城市人口引力模型，这一模型被认为是空间相互作用的基本模型，之后又出现了潜能模型等扩展模型。中国学者魏清泉也进行了相应研究，并提出了中介机会模型。空间相互作用理论认为，空间的相互作用必然形成一定的空间结构。如果将空间结构理解为空间的外在形态的话，那么空间的相互作用就是这一形态得以产生和发展的内在动力，这一动力决定了空间的集聚与扩散、均衡与非均衡格局。

3. 增长极理论

增长极概念最早是由法国经济学家弗朗索瓦·佩鲁（F. Perroux）提出的。1950年，他针对古典经济学家的均衡发展观点，指出现实世界中经济要素的作用完全是在一种非均衡的条件下发生的。他通过对实际经济活动的研究，认为增长并非同时出现在所有地方，它以不同的强度首先出现于一些增长点或增长极上，然后通过不同的渠道向外扩散，并对整个经济产生不同的最终影响。佩鲁的增长极属于纯经济学概念，与地域空间系统无关，因此他认为增长极是否存在取决于有无发动型工业。佩鲁模糊地提出增长极的空间集聚，但没有重视增长极的空间量度。赫希曼首先将空间度量引入增长极的概念中，认为经济发展不会同时出现在每个地区，但是，一旦经济在某一地区得到发展，成为主导产业或发动型工业，那么该地区就必然会产生一种强大的力量推动经济发展进一步集中在该地区，进而发展成为一个中心区域，并且中心区均有各自的影响区。布德维尔进一步对增长极进行了研究，并提出"增长中心"这一空间概念。他强调经济空间的区域特征，认为"经济空间是经济变量在地理空间之中或之上的运用"，并对增长极做了简要定义：增长极是指在城市区配置不断扩大的工业综合体，并在其影响范围内引导经济活动的进一步发展。布德维尔把增长极同极化空间、同城镇联系起来，促使增长极有了地理特征，进而包含两个明确内涵：作为经济空间上的某种推动型工业；作为地理空间上产生集聚的城镇，即增长中心。

国内学者对增长极理论的研究始于20世纪80年代，孙晓光首先翻译并介绍了增长极理论，随后于洪俊、宁越敏及李仁贵又对西方增长极理论的起源和研究进展做了较为详尽的分析。葛本中就陇海－兰新地带的研究提出了推进型产业的区域观、群体观,区域增长极的产业 – 空间一体观及等级规模观,区域发展轴的复合观和强度观。陆大道结合我国区域发展实际,运用中心地理论、增长极理论和发展轴概念等,创造性地提出点轴理论。点轴理论在中国学术界得到了认同和广泛应用。

4.空间扩散与核心边缘理论

学术界关于扩散的研究可追溯到 1939 年熊彼特(J. Schumpeter)提出的创新扩散理论,他认为技术创新是资本主义经济增长的主要源泉,技术创新在空间上具有分布不均衡的特征,因此,创新总是从核心扩散到边缘,甚至再向外扩散。瑞典学者哈格斯特朗(T. Hagerstrand)于 1953 年在其论文《作为空间过程的创新扩散》中首次提出空间扩散的问题,但其重要性尚未引起学术界的重视,直至 1960 年,关于空间扩散的研究才逐步盛行。空间扩散理论被誉为 20 世纪人文地理学研究中两项最重大的贡献之一。一般认为,空间扩散包括以下四种基本类型:一是传染扩散(自然扩散),即从一个源生点向外作空间扩散,并呈现渐进、连续特征;二是等级扩散,即从源生点跳过周边区域向较远距离但属同级规模的扩散点扩散,进而再向次一级扩散;三是点轴扩散,即由源生点沿主要交通干线呈轴向延伸,进而形成扩散轴线和发展轴带;四是跳跃扩散,即带有资源、环境、政策等指向性,从源生点向指定地点跳跃式集中。

弗里德曼于 1966 年提出了著名的核心 – 边缘模型,该模型曾被用于解释处于不同发展阶段(工业化阶段)国家区域空间结构的变化,并认为核心和边缘是社会地域组织的两种基本成分。核心为城市核心区,边缘为落后的农村边缘区,两个区的区域特征差异明显,核心区是创新变化和经济发展的中心,边缘区的发展则依赖核心区。由此可将核心区对边缘区的作用看作一种空间扩散作用,但扩散类型因区域特征(自然、政治、经济、文化等)的不同而不同。核心 – 边缘理论基本上是以极化效应和扩散效应来解释核心区域与边缘区域的演变机制,其与增长极理论的机制解释有许多类似之处。

以上理论是本书研究区域城市化空间结构的重要理论基础,区位论作为空间结构的经典基础理论,对于解释区域空间结构的演变至关重要;空间扩散和核心边缘理论及增长极理论可在解释单中心 – 多中心、集聚 – 扩散等空间演变现象时提供理论支撑;空间相互作用理论对于解释空间紧凑度及区域经济外部性等问题时具有重要意义。因此,本书后面章节所涉及和讨论的内容离不开以上理论的支撑。

2.3.2　空间结构模式

1.单一城市的空间结构模式

单一城市的空间结构对区域的发展起着至关重要的作用,尤其在区域面积相对较小或是区域城市首位度较高的情况下,区域内首位城市的空间结构对区域整体空间结构会产生巨大的影响。对单一城市空间结构模式的研究,最经典的有伯吉斯(E. W. Burgess)的同心圆城市模式、霍伊特(Homer. Hoyt)的扇形城市模式,以及哈里斯(C. D. Harris)和乌尔曼(E. L. Ullman)的多核心模式。

(1)同心圆模式

1923 年,伯吉斯在对芝加哥城市土地利用结构进行分析后,提出了城市土地利用的同心圆模式。他认为有 5 种力量影响城市内部人口分异,即向心、专门化、分离、离心、向心性离心。在这 5 种作用力的综合作用下,城市地域产生了地带分异,随着各地带之间不断地侵入和迁移,城市发生了自内向外的同心圆状地带移动,空间结构以中心区为核心,由内向外,共由 5 个同心环带组成:第一环带是中心商业区;第二环带为过渡带,分布着早期建造的旧房子,其中一部分被零售商业所占,一部分为低级住宅、小型工厂和货仓;第三环带是工人住宅区;第四环带是中产阶级住宅区;第五环带是富人区,因需要驾车进城工作,故又称为通勤人士居住区。伯吉斯的同心圆模式如图 2-5 所示。

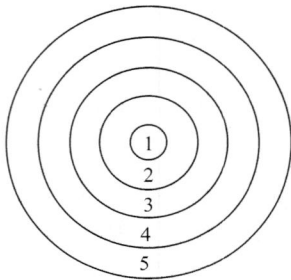

1. 中心商业区;2. 过渡带;3. 工人住宅区;4. 中产阶级住宅区;5. 通勤人士居住区。

图 2-5 伯吉斯的同心圆模式

伯吉斯的同心圆模式是以 20 世纪 20 年代流行的城市土地利用结构的经验观察为基础提出来的,通常符合均质土地单中心城市发展模式,其为极核式区域空间结构发展模式和增长极理论的提出都提供了一定的理论基础。

(2)扇形模式

1939 年,霍伊特通过对美国 64 个中心城市及纽约、芝加哥、底特律、华盛顿、费城等著名城市住宅分布进行分析后提出了扇形模式(楔形模式),如图 2-6 所示。他认为,伯吉斯的均质性平面的假设太不现实,随着城市人口的增加,城市将沿着不同的交通路线逐渐向外围扩大,相同的土地使用均会沿着交通路线放射状延伸发展,成为扇形地区。城市的中心是中心商业区,轻工业和批发商业对运输路线的附加易达性最为敏感,所以呈楔形。而住宅区的高收入者受景观和其他社会、物质条件所吸引,沿着城市交通主干道或河岸、湖滨、公园、高地向外延伸,不与贫民区混杂,由此形成城市功能区,其布局呈扇形或楔形。

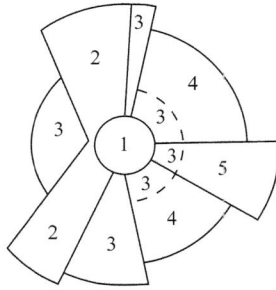

1. 中心商业区;2. 批发和轻工业区;3. 低收入住宅区;4. 中收入住宅区;5. 高收入住宅区。

图 2 − 6　霍伊特的扇形模式

霍伊特扇形模式仍然没有脱离城市地域的圈层概念,只是增加了方向要素,仅为同心圆模式的变形。

（3）多核心模式

哈里斯和乌尔曼于 1945 年提出了多核心模式,如图 2 − 7 所示。他们认为随着城市的发展,城市中会出现多个成长点,其中一个主要商业区为城市的核心区,位于交通最优越的区位,其余成长点随着城市运输网、工业区或各种服务业的发展分别成为次级商业区,或批发与轻、重工业区。

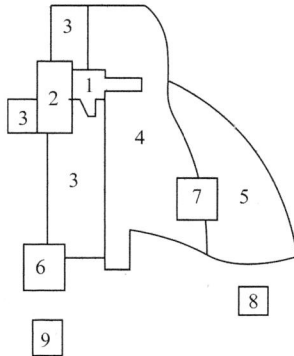

1. 中心商业区;2. 批发与轻工业区;3. 低收入住宅区;4. 中收入住宅区;
5. 高收入住宅区;6. 中工业区;7. 公共设施;8. 郊外住宅区;9. 郊外工业区。

图 2 − 7　哈里斯和乌尔曼的多核心模式

2. 城市地域空间结构模式

随着经济和技术的高速发展,西方发达国家的城市空间结构及发展中国家的城市空间结构都发生了巨大变化,因此,许多学者开始对空间结构模式进行重新思考,以期总结出可以解释新的发展形势下的城市空间结构演变的模式。塔弗（E. J. Taaffe）和加纳（B. J. Garner）提出了城市地域的理想结构模式。他们把城市地域从内向外分为中心商务区、中心边缘区、中间带、向心外缘带、放射近郊区 5 个地带，各带均有自己的突出功能和性质，但有较为明显的混合型经济活动，如图 2 - 8 所示。

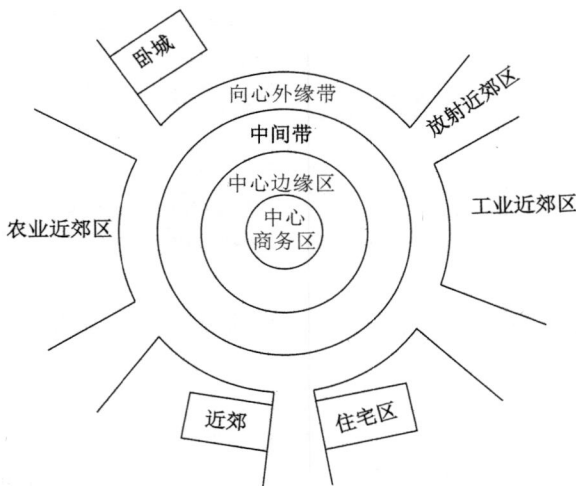

图 2 - 8   塔弗和加纳提出的城市地域的理想结构模式

1975 年，洛斯乌姆(L. H. Russwurn)从城市地区和乡村腹地联系的角度提出了区域城市结构模式如图 2 - 9 所示，他将区域城市由中心至外围划分为 4 个部分，各部分范围及功能组合：一是城市核心建成区，包含城市建成区和城市新区地带的范围，其用地及功能具有综合性；二是城乡边缘区或城市边缘区，位于城市核心建成区外围，其土地利用已从农村转变为城市的高级阶段，是城市发展指向性因素集中渗透的地带，也是郊区城市化和乡村城市化地区；三是城市影响区，是城市产业等实体性要素可能扩散的最大地域范围；四是乡村腹地，其与城市没有明显的内在功能联系。在以上研究的基础上，随着城市区域化发展的兴起，都市圈、都市区、大都市带等概念相继被学者提出，进而丰富了空间结构模式的研究。日本学者山鹿诚次于 1984 年提出了日本都市圈的空间结构，如图 2 - 10 所示。

以上对城市地域空间结构模式的研究大多是在同心圆结构的基础上扩展形成的，虽然各结构模式把城市功能区域区分开来，并形成较为规整的功能布局，但依然呈现城市核心区和城市近郊区(边缘区)的单中心空间二元结构特征。随着城市区域化逐渐成为城市发展的特有现象，传统的单中心扩展型城市发展模式受到冲击，对多中心组团式的空间结构模式的研究逐渐兴起。E. J. Meijers 和 M. J. Burger 从集聚与扩散、单中心与多中心的角度，对城市区域的空间形态进行了研究，也可看作是对城市区域空间结构模式的尝试性探讨。他们将集聚与扩散、单中心与多中心看作解释区域空间结构的两个维度，并对两个维度的概念进行了界定，从而将区域空间分成单中心集中、多中心集中、单中心分散和多中心分散四种类型,如图 2-11 所示。

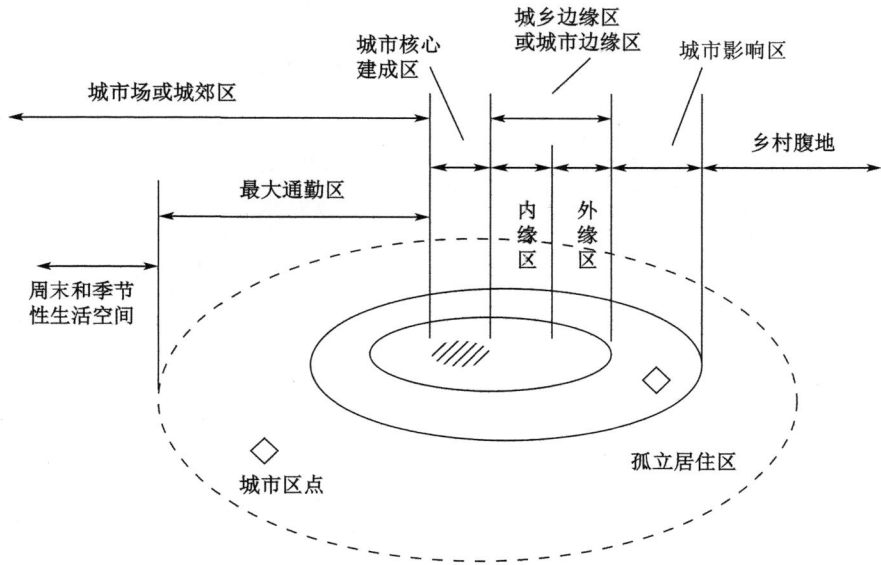

图 2-9 洛斯乌姆的区域城市结构模式

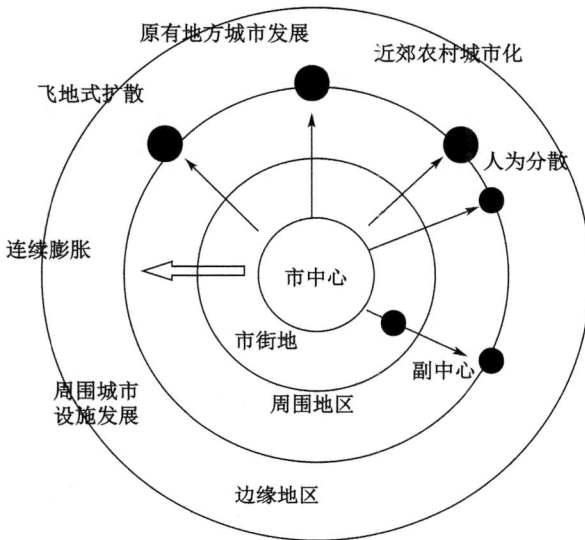

图 2-10 日本都市圈的空间结构

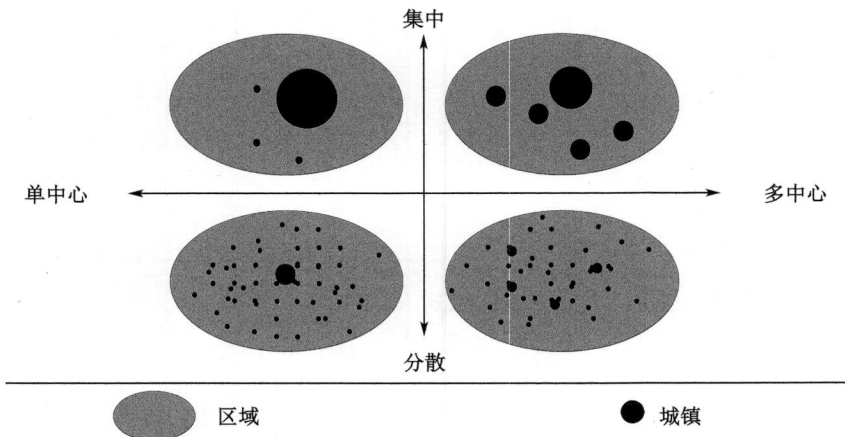

图 2 – 11　城市区域的空间形态

3. 区域空间结构模式

区域空间结构在不同的区域和发展阶段,既表现出一定的共性,也存在差异,呈现出各种模式,较为经典的有极核式空间结构、点轴式空间结构和网络式空间结构。极核式空间结构即增长极理论在具体区域中的表征,这里不做赘述。点轴式空间结构是我国著名地理学家陆大道先生提出的,它是在极核式空间结构的基础上发展起来的,如图 2 – 12 所示。增长极在与区域中其他点交往过程中,随着越来越多的商品、人员、资金、技术和信息等运输要求,增长极与周围点、周围点与其他点之间将建立各种交通线路,并形成轴线。这样,就在区域中形成了不同等级的点和轴线。它们相互连接构成了分布有序的点轴式空间结构。随着点轴式空间结构的发展及点与点之间联系的愈加紧密,一个点可能与周围多个点发生联系,从而形成联系网络,即构成网络式空间结构。

许学强等通过对城镇体系演化的研究,将我国城镇体系的演化过程分为四个阶段,这一研究也体现了点轴式空间结构的思想,如图 2 – 13 所示。

(1)离散阶段。农业发展时期,生产力水平低,区域内无大中城市,各生产要素受商业发展吸引集中在小城镇,且彼此无紧密联系,属于低水平的均衡发展阶段,城镇体系尚未形成。

(2)极化阶段。随着工业化的逐渐兴起,工业发展导致生产要素进一步向资源禀赋优越的地区集聚,增长极逐渐形成,导致中心城市成为区域经济发展的核心。

(3)扩散阶段。随着工业结构向高级化和更优化发展,生产要素持续向中心城市集聚,导致中心城市承载能力下降,部分产业开始沿着交通轴线向中小城市扩散,促使点轴系统的形成。

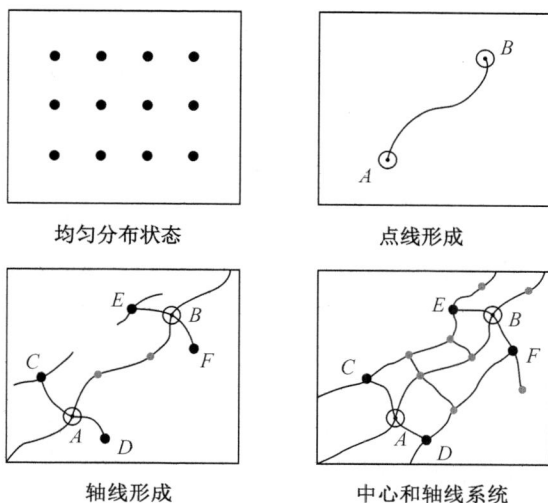

图2-12 陆大道提出的点轴式空间结构

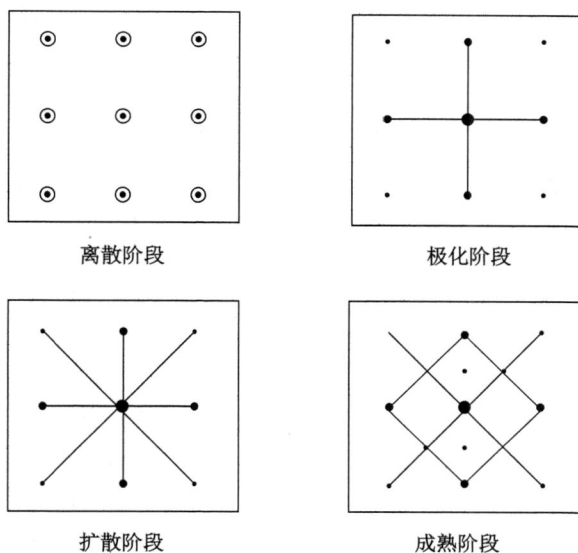

图2-13 许学强对我国城镇体系演化的阶段划分

(4)成熟阶段。后工业化时代强调信息化和产业高技术化,副中心城市在区域发展中逐渐发挥重要作用,在吸引生产要素的同时,空间结构逐渐网络化,进入高级的均衡发展阶段。

我国学者对于点轴式空间结构较为认同。陆玉麒于1998年对我国沿海沿江地区(济南－青岛、北京－天津、杭州－宁波、广州－深圳、沈阳－大连、成都－重庆、长沙－岳阳等)进行了空间结构现象的归纳提炼,提出了区域双核空间形态。

2.3.3 区域空间结构演变理论

1.弗里德曼(Friendman)的城市空间演变理论

弗里德曼认为区域空间结构演变与社会经济发展之间具有密切的联系,在区域不同的社会经济发展阶段下,城市空间会表现出其发展时代特有的空间组织特征。如图2－14所示,弗里德曼从区域社会经济发展的角度把城市空间演变划分为以下四个阶段。

(1)工业化前的城镇分散阶段。工业化前的区域发展以自给自足的农业生产生活方式为主导,此时的区域城市空间结构以离散型为主,具有孤立的小城镇分散布局,功能以服务本地的商业、农产品初级加工企业和作坊为主,彼此之间缺少联系,区域体系具有封闭性,由于缺乏动力而导致空间结构变化缓慢。

(2)工业化初期的城市集聚阶段。随着工业的逐渐兴起,区域城市空间结构发生明显改变,资源禀赋优越、区位优越或生产条件优越的城市成为区域发展的增长极,集聚经济开始显现;相应的中心－外围结构逐渐形成,中心城市的发展对区域的影响作用逐渐增大,均衡的空间形态被打破,产生了较为明显的经济空间阶梯。

(3)工业化成熟阶段。城市扩散成为区域发展的主要趋势,多中心体系逐渐建立,副中心城市同样具有一定的外围辐射区域,此时的区域空间结构由于中心城市的增加及各自在区域中的位置关系而更加复杂,但同时也更加有序,此时区域空间的典型模式就是点－轴模式。

(4)后工业化阶段。区域内城市间的联系日益紧密,城乡二元结构不再像以前那样突出,城乡差距逐渐缩小,网络化空间结构逐渐完善和形成。

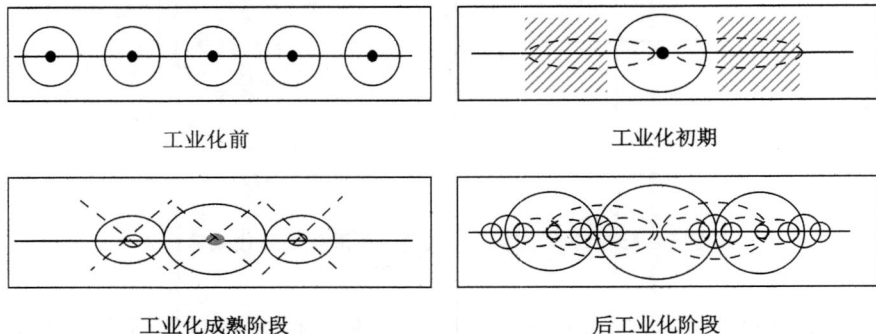

图2－14 弗里德曼对区域空间结构演化的阶段划分

2. M. 耶茨（M. Yeates）的城市空间结构演化理论

M. 耶茨重点针对城镇群体的研究，将城镇群体的空间结构演变划分为如下五个阶段。

（1）重商时期。在工业大发展以前，商业原则成为城市发展的主导，城市地域以交通便利或农业资源优势原则进行分布，类似区域发展的离群阶段，城镇间联系不紧密。

（2）工业时期。工业大发展时期，工业成为区域城镇群体空间演变的主导力量，生产要素按接近原则进行城镇集聚，乡村成为生产要素的主要流出地，区域开始呈现明显的二元结构。

（3）大城市时期。工业发展对城镇体系发展具有强大的推动作用，城镇体系在这种力量推动下开始重构，中心城市地位逐渐突出，大城市变为城镇体系中的主导，交通系统由大城市为中心向外呈放射状扩展延伸。

（4）郊区化时期。随着经济与技术的持续快速发展，以及第二次世界大战后世界各国人口的迅速增加，城市与乡村的传统优势发生变化，城市核心区对人口的吸引能力逐渐下降，郊区优越的生态环境和经济价值被逐渐认识和重视，导致居住的分散化，城乡一体化发展成为可能。

（5）星云状大城市时期。城市扩散是区域发展的主要形式，单中心发展模式逐渐向多中心模式转变，"星云状"的都市区、城市群、城市连绵带等城市群体空间模式成为发展趋势。

此外，唐富藏对区域空间结构演变理论的研究也较具代表性，他将区域空间结构演变划分为早期的集中阶段、集中后的分散阶段、分散后地方中心成长阶段。另外，陆大道提出的农业占绝对优势阶段、过渡阶段、工业化和经济起飞阶段、技术工业和高消费阶段的区域空间结构四阶段演变过程的观点也颇有影响力。

从以上学者对区域空间结构演变理论的研究结论来看，虽然各自的研究领域、研究重点、研究视角等不尽相同，对区域空间结构的演变阶段划分也有差异，但总的来说，区域空间结构的演变是与社会经济发展密切联系的，且总体呈现分散－集聚－扩散－均衡的空间结构演变规律。

2.3.4 区域空间结构特征

结合以上对空间结构模式、基础理论和演变理论的学习，以及国内外学者对区域空间结构特征的分析和研究，本书对区域空间结构特征的总结如下。

1. 空间结构具有多维特征

区域空间中的各个客体都有相对位置关系，因此在空间中的任何一点，均可引出类似于几何学长、宽、高的三条相互垂直的直线。同时，经济空间结构、社会空间结构、居住空间结构、产业空间结构等描述空间结构的指标要素赋予了空间结构大于实体三维的要素多维特征,因此在对区域空间结构进行描述时,需从多维角度进行考虑。

2. 空间结构具有区域特征

所有空间结构都是由特定地域的地理条件、经济条件、制度约束和社会发展等多方面的具体因素决定的,因此可以说,不同的区域具有相异的空间结构。

3. 空间结构具有整体特征

一般认为区域空间结构都是由核心区、过渡区、边缘区(外围腹地)组成,三者之间通过交通网络相互作用,形成整体,这类似于我们常说的区域城镇体系,因为成熟的城镇体系也要求形成一个整体,不仅城镇层级完整有序,且城镇之间联系紧密,分工明确,整体效益突出。

4. 空间结构具有演变特征

空间结构是时间的函数,一般认为随着社会经济和城市的发展,空间结构演变会经历低水平均衡发展阶段(农业社会)、集聚发展阶段(工业化前中期)、扩散发展阶段(工业化中后期)和空间一体化阶段(后工业化时期和信息社会)四个阶段。

5. 空间结构具有效应特征

从空间形态来看,空间要素的布局组合和空间结构的模式选择能够对空间效应产生影响,空间效应则具体体现在社会效应、经济效率和环境效应等方面。从空间演变来看,空间结构的变化将引起社会经济要素的"集散"变化,而社会经济效率则会对这种变化产生响应。

2.3.5　空间结构与城市化经济外部性

外部性是一个经济学概念,由马歇尔在 19 世纪末首次提出,并得到了学界的认可,从此外部性这一经济学中带有神秘和模糊色彩的概念引起了广泛关注。经济学认为外部性是指社会成员(包括组织和个人)从事经济活动时,其成本与后果不完全由该行为人承担,即行为举动与行为后果的不一致性。地理学对外部性的认识从经济行为延伸至多元化的行为主体,包括人和政府行为等。外部性又称为溢出效应、外部影响或外差效应,指的是一个人或一群人的行动和决策对另一个人或一群人强加了成本或赋予利益的情况。外部性按生产要素可以分为资金外部性与技术外部性两种类型;按产业部门可以分为 MAR 外部性(专业化外部性)与Jacobs 外部性(城市化外部性)两种类型。

地理学尤其是经济地理学更关注集聚外部性,也就是经济活动在地理空间上的集中和集聚而带来的外部性。马歇尔等人的研究可以认为是针对 MAR 外部性的研究,他们的研究对象主要集中在某一工业区或专业部门在一地的集中所产生的外部性上。他们认为:企业或经济活动在地理空间上集聚能为企业节约成本或提高劳动生产率,同时,集聚活动不再漫无目的,而是由已经产生集聚的多个企业共同影响,这种影响效果就是我们通常所说的"协同定位"。其是指相同产业或相似产业的多个企业在同一地理空间上的集聚,能够通过中间品投入、专业化劳动力市场共享及知识技术交流和溢出等带来的外部成本节约。在经济学文献中,来源于城市经济规模或密度的这些收益被称为城市化经济外部性,但在地理学中,城市化经济外部性应该理解为在城市化过程中,由于空间结构演变而导致的社会经济要素集散所带来的城市收益,这些收益同时也包括来自城市以外的部分。

经济学认为,城市化经济外部性是指外部经济通过节约和共享把收益贡献给企业,同时也强调了这些收益来自于城市、都市区和城市群的整体运作,这里突出了载体的整体性和产业结构的分离性。在经济活动的密集区内(城市、都市区等),大规模的专业化劳动力市场和良好的基础设施及公共服务设施可以看作是城市化经济外部性的来源。在一个内部联系紧密的城市群体中,城市间的产业分工、合作甚至竞争等带有良性经济联系的存在,也可看作城市化经济外部性的来源之一。在经济活动的密集区及更大尺度的区域内,产业组合差异、城市间的紧密联系增加了部门和企业间的相互作用、代际传递、模仿改进与创新、理念重组与应用。多元化的产业结构能够进一步地满足区域的不稳定需求。对于过度的集聚,前面已经介绍过,过度密集的人口集聚区容易产生诸如污染、交通拥堵、犯罪及土地和房地产价格过高等弊端,这会导致经济分散。这也就是我们常说的拥挤效应,其与劳动生产率呈负相关关系。

近年来,城市化经济外部性得到了区域学者的关注,他们认为城市化经济外部性也可以看作是区域经济不均衡增长的起因,即促进了增长极的形成,因为有些地区的经济活动或者企业要比其他地区的经济活动或者企业从这种外部经济中获得的收益更多。产生这种结果的原因是多方面的,一些学者对当代经济发展的实证研究表明,就业密度与劳动生产率之间具有弹性。之所以以就业密度作为主要指标进行研究,是因为普遍认为就业密度是城市化经济外部性的代表指标,研究结果表明,弹性系数一般在 4% ~13%。在西方发达国家,就业密度与劳动生产率的弹性系数更是达到 20% ~50%。根据最新的经济增长理论,技术溢出是当代经济增长的关键环节,对于以技术密集型产业为主导的西方发达国家,就业密度的增加能够促进人们的交流,使交流更加密集,从而使知识溢出成为可能或者便利。Glaeser 等使用美国 170 座城市 1956—1987 年经济增长的数据进行研究,发现地方竞争、城市产业多样化而非区域专业化更能够促进就业增长。由就业增长产生的知识溢出多发生在产业类型间而不是同种产业的内部,这一研究结论与雅各布斯的理论是一致的。

2.3.6 空间结构与城市功能

空间结构一直是地理学界研究的热点,近年来,城市规划界和经济学界对空间结构的研究日益重视,因为他们发现空间结构与城市功能之间有密切的联系。他们认为空间结构能影响城市的经济功能、环境功能及社会功能。在区域经济学中,区域空间结构对区域功能的影响成为研究热点。在以前的研究中对于区域空间联系的研究,一般不考虑城市密度或城市规模,但密度和规模确实是反映区域空间结构的主要形式。对于空间结构与区域功能的联系研究,选取能反映空间结构及空间联系的空间集聚指标(密度和规模)是必不可少的,因为以劳动生产率等指标对区域功能进行测度时,上述指标会通过城市化经济外部性对劳动生产率产生巨大影响。正如前述所分析的,当城市社会和经济活动发生集聚时,劳动生产率是可以得到提升的。不过由于缺乏实证研究,空间结构对区域功能的影响仍较为模糊,具有不确定性,即单中心性和多中心性哪种类型更有效率没有定论,这可能也与区域所处的经济发展阶段有密切联系。

在学界基本得到公认的是,空间结构是影响经济效率的重要方面,即城市存在最佳规模,同时也存在最小规模,超过这个最佳规模和低于最小规模,城市的经济效率都不会达到最优。以前者为例,城市过度集聚使城市规模超过最佳会出现前面所说的集聚不经济,表现为人口密度过高、交通拥堵、环境污染、房价过高等城市病。一旦出现这种情况,就需要对城市进行疏散,引导经济要素有序分散,寻找承接和转移的载体,使中心城市保持合理的密度和规模。虽然上述结论有大量的实证研究支撑,但在理论研究方面,始终无法找到对城市最佳规模的测度模型。一方面我们知道集聚能够带来集聚经济,也就是集聚外部性,另一方面我们也认为分散的网络体系也有其自身的优点,这就使得对于研究客体而言,集聚到什么程度才是最优、何时进行有机疏散,以及疏散的时机和方式等问题成为难题。

过去我们总说,依托大城市,积极承接产业转移,利用大城市的辐射,实现与大城市的良性互动。但是在中国的行政管理体制下,出现了激烈的区域竞争,甚至是恶性竞争,城市区域化已经非常明显,未来的竞争是都市区竞争、城市群竞争及区域竞争。企业可选址在一个地级市范围内,或布局在市区或者外围县,不一定是在市区效益就高。中国的地级市在空间尺度上与国外的都市区相仿,地级市组成的城市群已经与都市带的规模相似。但实际上,最优的城市与区域空间结构仍然没有答案,这方面的实证研究也没有为理论提供有力的支撑。在选择城市空间结构时,也就是城市规划过程中,城市是单中心还是多中心,带来的效益有何不同,究竟哪种方式更有利于经济增长,哪种方式更有利于可持续发展,这些都是亟待解决的问题。

2.3.7 空间结构与劳动生产率

英国人文地理学家朵琳认为"劳动空间分工是产业格局在空间上的表征,同时产业格局又是产业本身存在空间差异的一种反映,当这种反映投射到空间景观上,就可以看到空间分布的不均衡特征。"这一观点在她 1979 年发表在《Regional Studies》(区域研究)上的《什么是区域问题的意义?》一文中得到了详尽的描述,同时她还明确提出了劳动空间分工(spatial division of labour)这一学术名词。之后,她又在1984 年出版的代表作《劳动空间分工:社会结构和生产地理》中,进一步丰富了劳动空间结构理论。艾伦·斯科特的研究也非常注重劳动空间分工,并将其作为一种工具使用,这在其探究现代资本主义系统中城市如何成长和发展时得到了较为全面的体现。他认为"社会分工的不断细化与劳动力市场的形成演变已经成为发展合力,这种合力正逐渐渗透到整个大都市区空间格局的根基。"正如巴朗斯基所说的那样:"地理分工其实是社会劳动分工的空间形式。"城市空间的功能分区实际上是劳动在空间上的分工过程,空间分工是劳动分工的重要形式。

　　城市或区域空间结构的一个重要和关键体现就是上述的劳动在空间上的分工过程,城市或区域内部的功能分区其实也是空间结构演变和调整的实体和客观对象。功能分区的最大益处不仅体现在对企业上,对于劳动力而言同样意义重大。首先,对于企业而言,功能明确的分区可以使企业在区位选择上根据区域所拥有的条件(资源、人力、资金、技术等)进行落位。这些比较优势可以将经济生产活动限定在一个较小的区域范围内,其好处是:快速地提高生产商和劳动力的生产熟练程度;优化地配置和使用区域内的各种自然和人文资源,进而大幅提高劳动生产率;共享城市和区域内基础设施和公共服务设施;共享上下游行业和辅助行业的专业化服务,只有大量企业集聚在同一个区域,专业化服务体系才会相应配套,若一个区域没有大量的同类企业和关联产业,专业化的服务配套是没有效益可言的。其次,对于劳动力而言,功能分区有助于技术交流。功能空间分区对于城市或区域的子区有着明确的功能划定,其发展重点也非常明确,对于劳动力来说,不同区域吸引着不同生产技能、背景的劳动力向相应的功能区集聚,这样就产生了较大的专业化劳动力市场。高效率的同质劳动力集聚在一起,增加了劳动力之间的信息交流和扩散,这种信息既可以是思想和文化,也可以是专业技能,生产效率就在这样的交流中得到了提升。另外,专业化劳动力市场的规模扩大和成熟,也有利于进一步地培训同质技术人员。

2.4　空间结构与经济效率的研究现状及趋势

2.4.1　国外研究现状与趋势

　　国外对城市或区域空间结构与区域经济效率关系的研究集中在以城市经济学和空间经济学为主的纯理论研究、以城市-区域规划和管理为主的政策理论研究及以经济地理学和城市地理学为主的实证理论研究上。

在纯理论研究方面，城市经济学者提出了解释城市形态和规模对经济产出影响的概念框架，认为良好的城市形态和较大的城市规模将通过增加就业机会和降低时间成本而有助于提高劳动生产率；空间经济学者将空间要素作为内生变量引入主流经济学中并阐明了经济增长和地理结构之间相互影响研究的基本要素与框架。在若干假定基础上，Black 和 Henderson 提出了城市体系的内生增长模型。Fujita 提出了一个简单的只有两个地区的内生增长模型。

在政策理论研究方面，首先是城市蔓延和紧凑城市之争，其焦点在于哪种空间结构模式的公共部门支出和自然资源消耗成本最低。多数研究均认为城市蔓延是最为昂贵的居住开发方式，于是提出了诸如"紧凑城市"和"精明增长"这样的政策；其次是关于外部经济是仅存在于有明确边界的单一城市内，还是共存于一组有功能联系的定居点内的讨论，争论焦点是由多个中小城市构成的网络体系可否替代单一大城市的外部性；最后是发展中国家出现了像雅加达、开罗、圣保罗等"巨都市病"而引发的"最佳城市规模"的讨论，争论焦点是怎样的城市化结构具有更好的经济效率。

在实证理论研究方面，与本书所提出问题直接相关的研究文献并不多。最近的研究以 Prud'homme 及其团队、Cervero、E. J. Meijers 和 M. J. Burger 的研究成果最具代表性。Prud'homme 及其团队基于法国、韩国等多个国家城市数据，论证了城市规模、劳动力可达性和通勤速度与经济产出的关系，认为良好的交通设施有助于提升城市经济性能。Cervero 基于对 47 个美国大都市区的数据进行分析，发现高的首位度和就业密度有助于经济发展，集聚经济对经济生产率具有正效应，而 MSA 人口规模对经济产出没有显著影响力。对旧金山海湾区域内 34 个次县级区域的数据进行分析，发现较大的劳动市场区规模、较高的职住可达性及较高的就业密度和较好的基础设施网络均对劳动生产率有正的贡献，并且当劳动市场区的圈层范围扩大时，正相关关系更强。E. J. Meijers 和 M. J. Burger 选择 20 个美国大都市区样本，重点研究了都市区城镇空间结构和劳动生产率之间的关系。其采用中心性维度和集中性维度两个指标对都市区空间结构进行测度，采用生产函数计算都市区劳动生产率，并应用统计分析方法研究两者的关系。形成三个经验实证假说：一是大都市区内越分散，劳动生产率越低；二是多中心性越强的大都市区劳动生产率越高；三是在大都市区内，城市化经济外部性产生了较高的劳动生产率，这种外部性的存在受多中心的程度影响。Bailey 和 Turok 认为与小规模单中心城市相比，一些分离城市的一体化能够产生集聚优势的想法是不切合实际的。Parr 指出在多中心城市区域会产生更长距离的人流、物流和不便捷的信息流。应该认识到"源于大都市区环境本质的城市规模，其优势是与密度、接近性、面对面的联系、不规则的结构和无计划的相互作用等相关的"，因此并不支持城市区域具有多中心性。Oort 等的研究证实，在荷兰，与城市人口集中在一个单独城市的单中心区域相比，多中心区域的文化、休闲和运动等娱乐活动明显较少。经济网络(城市网络)中的空间和功能整合与城市功能互补非常重要,国内学者也曾提出了近域城市整合、空间整合、产业整合等概念。Oort 等利用荷兰兰斯塔德地区企业间联系的数据考察城市整合的态势和经济互补的存在,发现兰斯塔德地区存在不同类型的空间相互依赖层级,但是却没有发现兰斯塔德地区都市功能整合的证据。这说明兰斯塔德并不是一个空间和功能整合的区域,这也引发了对城市网络概念一般性的疑问,荷兰兰斯塔德地区通常被认为是最成功的经济多中心城市体系。Ciccone 通过经验分析提出,总的来说密度提高可以带来经济增长,就业密度提高一倍则劳动生产率提高6 个百分点,经济活动密度可以很好地解释劳动生产率。

综上所述,国外研究的特点和趋势可概括为:(1)在重视个体城市经济外部性的基础上,开始关注城市规模、劳动力可达性和交通网络条件等物理形态要素对区域经济产出的影响,更关注区域城市化空间结构的外部性,特别重视定量化研究;(2)关于"什么样的城市化空间结构具有更好的经济效率或正外部性"问题,虽得出一些有意义的结论和假说,但实证研究较少,需要大量世界范围内的实证研究;(3)区域城市化空间结构和效应的指标构建和测度还有完善的空间。在影响区域经济效率的诸多因素中,区域城市化空间结构及其变化引起的社会经济"集散"要素的变量性质和地位尚存争论。

2.4.2　国内研究现状与趋势

国内对城市或区域空间结构与区域经济的认识集中在地理学者以外的概念性理论研究及经济地理和城市地理学者的实证研究上。

在概念性理论研究方面,丁成日从城市竞争力角度论述了空间结构对经济发展的影响。其认为城市竞争力的重要决定因素之一是城市效率,而空间结构对劳动力资源市场效率、土地资源市场效率、资本资源市场效率和城市基础设施利用与投资效率均具有深刻影响。韦亚平等在国内率先开展了对"空间结构与绩效关系"的探讨。其认为应从人口压力角度来定义结构绩效,并提出绩效密度、绩效舒展度、绩效人口梯度、绩效 OD 比等四项衡量指标。具体对经济绩效而言,他们认为劳动分工和专业化是经济进步的源泉,如果专业化活动均匀分布并产生分工交易,理论上以饼状圈层结构最具经济绩效。事实上由于密切的联系多发生在那些相互关联的专业化环节之间,所以多中心集聚结构优于单中心圈层结构,韦亚平等据此提出中国都市区空间结构的调控方向为"多中心、紧凑、结构舒展和出行便捷"。

在实证理论研究方面,大多数研究集中在我国区域划界、空间结构的形成演化和规划问题上。与本书所提出问题间接相关的研究成果主要有:周一星对我国城市化水平与国民经济生产总值关系的研究,认为我国城市化水平与人均 GNP 存在对数关系;陆大道在大量实证研究和理论归纳基础上提出了"点-轴系统"模式,认为该模式反映了社会经济空间组织的客观规律,是一种最有效的区域开发模式;李小建通过计算 Moran I 空间自相关系数对河南省四种县域经济集聚类型的经济增长溢出效应进行了比较研究。其他直接相关研究有刘睿通过对我国 20 个都市圈空间结构经济绩效的实证研究,提出了"空间结构对经济绩效的影响在经济效率和空间均衡性两方面之间存在一个权衡的观点";王伟在对中国三大城市群空间结构及其集合能效的研究中,初步发现了城市群空间聚散与能级主导路径特征,提出了心-核叠置、心-核错位偏离、心-核错位居中三种空间均衡类型与重心移动轨迹和变化的四种情景,以及利用 DEA 模型对三大城市群进行双维结构集合效能的测度结论;陈良文等利用北京市 2004 年经济普查数据,从微观视角检验经济集聚密度对北京市内各区劳动生产率的影响,结果表明劳动生产率与经济密度存在显著的正向关系,从而验证了集聚经济效率;朱丽霞在参考国外集聚外部性与借用规模的研究基础上,通过对湖北、广东、浙江、江苏和河北等省的制造业小企业(群)空间分布研究,验证了"借用规模"与小企业区位及其发展的密切关系;石灵云分别从二位数行业和四位数行业两个领域,通过选取传统和新发展产业的集聚测度指标,对中国制造业的区域集聚状况进行计算和描述,验证了产业空间集聚的客观存在,并认为能够产生广泛的外部性效应;孙铁山等利用区域密度函数探讨了京津冀都市圈的多中心结构特征,并分别从单中心和多中心区域密度函数角度探讨了京津冀都市圈的经济增长模式;李金滟对区域发展中存在的向心力和离心力进行了研究,认为二者的彼此消长是区域空间形态和经济效率的重要影响因素。

综上所述,国内研究的特点和趋势可概括为:相关研究以介绍和使用西方的理论和模式为主,针对我国转型期特点的基础性研究并不充分;对区域城市化空间结构形态、机制和优化的定性描述较多,缺乏基于数理分析的应用和研究;关于城市化空间结构的效应问题已引起重视并得出一些有意义的科学结论,但对本书提出的问题还缺乏多尺度、多案例的实证研究。

2.5　本章小结

空间是人类存在的基础和载体,同时又是外在表现和人类社会空间过程运行的结果。从功能上说,空间结构是客观存在的,它能够组织和约束一切社会经济活动,深刻影响社会经济活动的效率。人作为行为主体,在社会生产和交往活动中,依据社会经济效率的高低,不断改变、调整和塑造空间结构,进而提高社会经济效率,这就是空间结构演变的本质和内在机理。本书所研究的区域城市化空间结构为从形态学角度定义的、反映区域城市化空间结构与过程的多维度连续性指标体系,其是指在区域城市化过程中,社会经济要素在地理空间上的分布、集散和相互作用状态。城市化过程中产生的集聚经济和集聚不经济是本书的出发点,本书中的经济效率与集聚经济含义相近,区别是前者研究人口集聚与扩散对经济效率和发展的影响,后者则倾向于研究生产活动和要素在空间上集聚对经济效率的影响。或许本书中的经济效率应该用在城市化发展过程中由于空间结构变化所产生的经济外部性来解释会更为合理。

本章分别对空间结构的基本理论、相关研究及空间结构与经济效率的研究进行了综述,并对空间结构的特征进行了总结。

第3章 城市化空间结构的测度与特征

本书所研究的城市化空间结构是从形态学角度定义的、反映城市化空间结构与过程的多维度连续性指标体系。本书在统计基础数据时以各省地级以上城市的市辖区为统计单元，单纯考虑已经城市化地区的人口规模、密度、集聚程度及城市间联系等要素，这也是将其定义为城市化空间结构的主要原因。

3.1 城市化空间结构的多维度指标选取

3.1.1 集聚－扩散维度

空间集聚与扩散，主要是指人口和经济的空间分布状态及动态变化趋向，是分散在广域的非中心城市区域内还是集聚在中心城市范围内，或者由前者向后者演变亦或由后者向前者演变。这对城市地域或区域的发展和效率均有重大影响。一般认为，集聚与扩散是城市地域的两种基本运动形式，赫希曼的不平衡增长理论和哈格斯特朗的扩散理论，都把城市与区域间各种"力"的消长概括为两种力的作用——"集聚力"和"扩散力"。刘易斯·芒福德和埃比尼泽·霍华德则通过"磁力"来解释集聚与扩散。库兹涅茨通过对14个国家近50年的经济增长进行分析，得出地区生产总值增长的构成中，70%归功于生产效率的提高。集聚与扩散对区域生产效率的影响效果是显而易见的。

空间结构的集聚与扩散一直是经济地理学、城市地理学、空间经济学等领域的研究热点，扩散的空间结构涉及大部分城市人口不居住在中心城市而扩展到非中心区域的情况，也涉及城市蔓延。扩散对城市功能会产生不利影响，扩散减少了城市获得集聚收益的可能，这一说法也已在学界内达成一致。

相比于紧密模式，蔓延模式消费了更多的土地和基础设施，产生较少的财政收入，同时增加了住房成本、个人出行成本和对汽车的依赖。蔓延模式实现了对安全的邻里关系、合理的房价和汽车自由使用的广泛需求，Glaeser和Kahn强调正是蔓延使生活质量有了重大改进。他们在2000年记录成本蔓延时选择了集聚模式，该模式引导区位选择向提供更有效的公共设施的地方发展，这被称为精明增长。集聚能够提高生产效率，但缺乏中国的实证研究，有鉴于此，本书将验证在中国省级行政区,集聚在劳动生产率方面将发挥较好作用这一假设。

对于集聚 - 扩散维度测算的方法,我们采用集散度这一指标,公式为

$$D_i = \frac{1 - \sum S_i}{S} \tag{3-1}$$

式中,D_i 为集散度;S_i 为省内首位城市及各地级市市辖区人口规模;S 为该省总人口。D_i 值越大,说明人口分布越趋于分散,分散于非首位城市或中心城市(地级市市辖区)范围内,省级行政区内的首位城市很小或是没有首位城市;D_i 值越小,说明人口分布越趋于集中,集中分布在一个特别大的首位城市或是集中分布在多个中心城市内。

3.1.2 单中心 - 多中心维度

多中心城市区域与单中心城市区域在本质上存在很大差别,单中心城市区域具有明显的二元结构,城乡差别巨大,而多中心城市区域是一种城镇分工、城乡融合的概念。弗里德曼在 1965 年提出了城市区域这一概念,但城市区域这种地域类型概念雏形的出现要更早,如早期地理学家霍华德、建筑学家沙里宁等都是从城市规划的角度提出了田园城市、有机疏散理论,是针对城市问题而非经济功能,是对现象的反映而没有探索背后的机理。也有学者认为,虽然从 20 世纪末开始,多中心城市区域逐渐被接受并成为发展的趋势,但概念仍然很模糊,在确认多中心城市区域存在之前是需要满足一系列重要条件的。多中心城市区域存在不同的形态,多中心城市区域作为城市与区域政策中的核心概念的内涵还有待进一步探索。如有的学者针对多中心和单中心在疏解交通拥堵问题上就有不同看法和结论。单中心论学者在强调单中心强于多中心时,从就业的分散化视角认为多中心导致的就业分散化并不能减少城市总体的交通需求,相反由于职住分离反而增加了居民日常的交通通勤距离。为了验证该说法,单中心论学者以旧金山大都市区和奥斯陆为案例,从就业中心及企业个体通勤者两个层面进行了验证。多中心论学者则对美国东西海岸城市居民的平均交通通勤时间进行对比研究,提出了区位再更新理论,他们认为多中心结构虽然可能会导致职住分离,但同时也会周期性地通过职住位置的调整实现职住平衡,从而降低通勤距离和通勤时间。城市空间结构与交通关系的主要观点见表 3 - 1。

表3-1　城市空间结构与交通关系的主要观点

理论	代表人物	主要观点	案例
单中心结构论	赛维罗、施瓦恩、兰蒂斯、纳斯等	单中心结构有利于建立高效的公共交通系统;就业分散化延长了通勤距离,导致交易成本上升	旧金山湾区、奥斯陆及荷兰
多中心结构论	戈登、朱利阿诺、理查德森、邓毛颖、万霞等	多中心有利于分散中心区交通压力;有利于居住与就业的均衡;具有缩短通勤时间的潜力;城市平均出行时耗低于单中心城市平均出行时耗	洛杉矶、南加州及广州

实际上,由于信息技术和交通工具的飞速发展,分散的空间组织形式是有现实意义的,也是可以实现的。由于城市的临近性可以使空间网络中的城市获得网络优势,进而转化为网络外部性,即边际成本与边际收益不对称。Capello针对这一问题提出了城市网络范式,并提出了一个测度区域系统中网络行为带来的网络外部性的数学方法,由此说明城市网络行为对城市绩效的影响。Parr在讨论城市区域典型形态的同时,考虑了区域结构与伴生的区域内部相互作用。他认为这种包括贸易、通信和资本流动等要素的相互作用,并不意味着城市区域就是一个封闭的经济系统。他勾勒了城市区域的长期演化,识别了集中后的分散化格局,考察了与城市区域形态相关的技术要求,最后还回顾了过去英国定义城市区域的不同方法。

城市区域作为区域发展和空间经济的组织形式,其重要性已经被认可。多中心的组织结构也被认为是更有效率的,近年来,多中心城市区域的概念正在被接受甚至被滥用。多中心城市区域的概念从20世纪末开始盛行于欧洲,同时也对美国的都市区空间组织产生了影响。多中心城市区域又称城市网络,其所能体现出的效益是通过分工协作使得城市网络整体效益大于各部分之和,因此多中心城市区域内的城市不能仅有分工,还有合作。一些学者认为,多中心结构的效应更好其实只是一个假想,并没有证据能够证明多中心城市区域的效益比单中心好。Meijers利用经济网络理论,分析了被认为是多中心城市区域经典范例的荷兰兰斯塔德地区分工协作的效果,重点关注了分工协作机制与城市之间的相互补充。结果表明,虽然兰斯塔德地区分工更细化了,但是城市职能的互补性却并没有被提高。这说明分工理论的一个重要基础是合作,而不是分工自然会产生合作,因此,经济分工是合作的必要条件。计划经济时代曾经运用的经济区划,就是基于分工理论,认为分工合作能够提高整体效率。实践中的城镇体系规划也往往对城市合作抱很大希望,但是效果并不理想。将合作作为分工的前提假设是不合理的,发挥多中心城市区域作用的一个前提就是能够出现合作。

多中心城市区域逐渐引起了管理者、决策者与规划师的兴趣。他们认为,多中心城市区域能够提供增强区域经济竞争力的手段,而且不会以损失环境为代价。Bailey 在深入分析多中心城市区域概念的基础上,重点研究了苏格兰中部地区。其结果表明苏格兰中部具有多中心的空间形态,但如果将其作为一个具有独立功能的区域来对待还有待探讨。空间相互作用的主导模式表明,尽管相邻地区的联系逐渐增多,但它们仍是两个相对独立的城市区域。

国外的区域规划和中国的区域规划的作用是相同的,都是通过优化区域空间组织结构,使原本独立发展的城市或城市区域通过有机整合,获得之前所不具备的某种综合实力或竞争潜力。目前,欧洲国家已经认识到了这种潜力的存在,通过识别这种过去布局临近却独立发展的城市组成多中心区域系统,建立更多的功能联系。规划是为了获得多中心城市区域的理论潜力,特别是需要形成有效的区域组织能力,也就是说通过或多或少的合作、竞争、协商与决策的制度框架表现区域协调发展的能力,为了追求区域尺度的利益(整体利益),形成一个多中心城市区域的竞争优势。这种需求看上去很容易,但实施起来很困难。从西北欧四个多中心城市区域的例子,可以发现能力的形成受空间 - 功能、政治 - 制度与文化因素的影响,主要的限制因素是制度差异、政府高层意愿与缺乏对区域的普遍认可。

单中心与多中心可以说是集聚与扩散在空间上的反映。与集聚和扩散相反,由于缺乏实证研究,单中心性及其对应的多中心性对区域功能和效应的影响仍然很模糊。Bertaud(2004)发现单中心城市模型由于运输距离的缩短从而提高了交通运输效率。因此,他认为单中心结构对于减少运输过程中排放的污染物质总量是具有重要意义的。同时,多中心结构的城市是具有一定污染物集中程度的,区域的多样性和多中心城市旅行目的地对运输营运也有阻碍。最后,一般认为多中心性由于会导致区域劳动力市场的割裂从而阻碍经济效率,因此,通常认为单中心性是大城市生产效率较高的最重要解释,多中心性导致城市割裂的例子在纽约(Godfrey,1995)和巴黎(Halbert,2004)均得到了证明。但是,也有一些研究得出了不同的结论。如 Lee 和 Gordon 在美国选择的一些都市区中发现城市形态和经济增长之间并不存在联系,作为单中心城市对立面的城市多中心空间结构不会影响都市区人口和就业增长,这种城市多中心空间可作为全部中心就业机会中的一部分的副中心就业机会进行测量。在扩散过程中也发现了同样的结论,这个扩散过程可用都市区就业机会向外围城市中心扩散进行度量。关于扩散,还发现其与人口规模之间存在相互影响,拥有更加集聚的空间形态的小城市组群经济发展较快,因此在较大空间尺度上的区域中,更加分散的空间结构(拥有多个集聚空间形态的小城市组群)比较有效率。

在全国层面,多中心性指的是对国家经济功能有贡献的几个较大城市区域的存在,一个较大的城市区域在规模和经济上的影响明显要比一个相对较小的城市区域大。在欧洲,"多中心发展"政策非常流行,大多数国家都尝试制定一些政策,引导他们的城市系统向更加均衡的态势上发展(Waterhout 等,2005)。但支撑他们多中心发展政策的理论和实证研究基础却很薄弱。再者,大量实证分析也显示一个静止型的国家(经济不活跃),即便存在多中心城市系统,也不会呈现出区域均衡的特征,区域结构更是与人均 GDP 这种经济指标毫无联系(Igeat 等,2008)。Henderson(2000)也对城市集聚对国家经济增长影响的研究特别感兴趣,他发现由全国最大城市人口占整个国家人口比例这种测量方法得来的城市集聚形态对经济发展产生的影响比较大,较发达国家和较大国家易于出现不理想的城市集聚程度。Henderson 发现很多国家在 1990 年都出现了过度集聚现象(如加拿大、丹麦、芬兰、匈牙利、新西兰和美国),而少数国家的集聚现象却很少出现(包括比利时、马来西亚、荷兰)。Henderson 理论的一个潜在缺点是测量空间结构的方法。Henderson 也指出,这个测量方法在合并全国各个城市人口份额以计算城市集聚尺度上还不够可取。因此,时间序列数据的无效性使得他和其他人(Ades 等,1995)求助于城市首位度,而城市首位度与城市总人口合计相比,仅提供了最大城市规模这一信息。Henderson 认为 Zipf 法则给出了足够的证据,在这一证据下,可以假设,在一般情况下,对最大城市的相关认识给我们带来了关于城市系统剩余物是什么的强有力线索。但是城市的首位度并没有清晰地阐述出主要城市核心外围的人口是集中于有限数量的其他大城市中、遍布在许多小城市内,还是分散在乡村区域。荷兰是少数有较少城市集中的国家之一。在这个小国家里,第二大和第三大城市并不比最大城市阿姆斯特丹小很多。同时,它们距离这个最大的城市非常近,这种情况已经引起了关于考虑三个城市组成的大都市区作为一个功能实体的讨论,以及在这个大都市区层面上战略规划的需要。上述情况同样适用于比利时,在比利时,主要城市布鲁塞尔、安特卫普和根特之间的距离也可以实现通勤上下班。

正是由于这些所谓的多中心城市区域,在广阔的大都市区范围层面上关于空间结构和效应关系的争论正在如火如荼地进行。我们从在城市和国家层面上对多中心的研究中了解到一个至关重要的问题,在区域层面上,一个多核的城市系统如果拥有与一个单中心的城市系统相类似的经济规模、人口规模或范围,那么它是否能体现得更有效率。目前,集聚经济与分散的空间结构相关联的想法已经在很多学者的研究成果中得到了体现(Parr,2002;Capello 等,2000;Sassen,2007)。就像Johansson 和 Quigley 建议的,在理论上,当距离较近的各城市间有紧密联系时,网络也许可以取代空间的接近性:"对于许多交易来说,已建立的网络可以减小节点之间的有效距离,降低交易(或者交通)成本,若未建立网络,这些交易可能被限制。当协同定位不可行时,网络也可以取代集聚。"技术的提升应该被认为是这种替代背后的主要驱动力,但我们不知道原本适用于公司网络间的网络系统能否支撑城市间的相互联系。

事实上,多中心性成为优势的原因是集聚优势条件下的区域化与集聚劣势条件下的持续地方化相耦合,有一些迹象显示,集聚不经济仍然在很大程度上限制集聚,在一些较小的城市产生了较大的内生力以保证社会、经济和环境成本得到控制。虽然多中心发展概念很流行,目前中国的大多数研究也推崇这一点,但目前的研究成果仍然不能证明在固定空间尺度内一个多中心的空间结构能够成功地促进经济发展。因此,在本书中,就是要对一个多中心的城市结构对区域经济效率是否有直接和肯定影响的假设进行检验。

本书关于中心度的测度,如下式所示:

$$P_i = \left| \overline{\ln S_{ij}} - \frac{\sum (\ln R_{ij} \times \ln S_{ij}) - \dfrac{(\sum \ln R_{ij}) \times (\sum \ln S_{ij})}{n}}{\sum (\ln R_{ij})^2 - \dfrac{(\sum \ln R_{ij})^2}{n}} \times \overline{\ln R_{ij}} \right|$$

$$(3-2)$$

式中　P_i——中心度;

　　　S_{ij}——i 省 j 地级市市辖区人口规模;

　　　R_{ij}——i 省 j 地级市等级;

　　　n——i 省地级市数量。

P_i 越小,区域越趋向于多核心,相反,P_i 越大,区域越趋向于单核心。

中心度和集散度是本书重点讨论的两个空间结构指标,其反映了区域内人口的空间集聚和分布状态:中心度反映了在省级区域内,城市人口与就业集中在一个城市或遍布于多个城市的程度;集散度是指在人口与劳动力集中在首位城市或中心城市或分散于较小的县城及非城市地区的程度。人口集聚与分布对经济效率的影响也正是本书研究的关键所在。

3.1.3　空间紧凑维度

“紧凑度”作为反映区域或城市空间组织结构及形态的重要指标,已经得到城市地理学界的一致认可。紧凑度测度模型的提出还要追溯到 20 世纪 60 年代。1961 年,Richardson 和 Gibbs 最早提出了紧凑度的计算公式,之后 Cole 于 1964 年也提出了紧凑度的计算公式,这三人关于紧凑度的研究为后人奠定了坚实的基础。1999 年,Bertaud 和 Malpezzi 基于城市紧凑度的度量,提出了紧凑度指数概念。Galster 于 2001 年在研究城市蔓延时,构建了界定城市蔓延的 8 个指标,其中的集中度就是用来衡量紧凑度的。2002 年,Burton 对城市紧凑度模式进行了归纳,认为城市紧凑度可分为高密度型、功能综合型和密度增加型三种类型,再根据每个类型的特点构建衡量紧凑度的指标体系,他认为人口密度是形成紧凑城市的首要条件。Yu – Hsin Tsai 于 2005 年创造性地针对都市区研究紧凑度,并提出相应的指标体系和空间自相关的计算方法。其他相关研究还有 Elizabeth Burton 构建的城市紧凑度综合指标体系等。

国内针对紧凑度的研究相对较晚,始于 20 世纪 90 年代,但成果较为丰富。武进采用 Richardson 最早提出的计算紧凑度的公式,对我国 14 个城市的紧凑度进行了计算,发现紧凑度与经济发展周期有密切联系。1995 年,张宇星把研究重点放在空间紧凑度上,并提出了针对面空间和点空间的集散度测度方法。其他学者如陆玉麟、王新生、陈海燕、仇保兴等在研究紧凑度方面都有较为重要的贡献和结论。

综上,本书把空间紧凑度作为研究区域空间结构的重要指标是合理的,因为空间紧凑度能够反映区域生产要素的空间集聚程度和内部联系程度。城市的收益有一部分是来自城市以外的区域(Coe 等,Parr,2002;Phelps,2004),区域内生产要素的空间集聚程度、城市间的关联程度和网络通达程度决定了这些收益的获取数量和便利性,进而影响经济效率。本书的空间紧凑度指标借鉴了方创琳关于城市群紧凑度的研究。方创琳先是构建了全国城市群丰度这一指标来表现区域内的集散程度,随后他进一步丰富了城市群紧凑度的研究,将城市群紧凑度的测度分为产业紧凑度、空间紧凑度和交通紧凑度分别进行计算。方创琳指出城市群空间紧凑度是指城市群内部各种生产要素在空间上的集聚程度,是衡量土地集约利用和空间产出效益的核心指标,城市群空间紧凑度的大小也决定了城市群形成和发育程度。

本书对于空间紧凑度的测度公式,借鉴了方创琳关于城市群空间紧凑度的测度公式,具体见公式(3 – 3) ~ 公式(3 – 6)。

$$I_s = \alpha_s I_{si} + \beta_s I_{sp} + \gamma_s I_{su} \qquad (3-3)$$

式中,I_s 为空间紧凑度,I_{si} 为空间相互作用指数,I_{sp} 为人口密度指数,I_{su} 为城镇密度指数,α_s、β_s、γ_s 为权重,采用熵技术支持下的 AHP 模型求得 $\alpha_s = 0.35$、$\beta_s = 0.28$、$\gamma_s = 0.37$。

$$I_{si} = \frac{\sum_{i,j=1}^{n} \dfrac{\sqrt{P_i \cdot GDP_i} \times \sqrt{P_j \cdot GDP_j}}{D_{ij}^{\,2}}}{1 + 2 + \cdots + (n-1)} \qquad (3-4)$$

式中,P_i、P_j 分别为第 i、第 j 市市辖区的总人口;GDP_i、GDP_j 分别为第 i、第 j 市市辖区地区生产总值,D_{ij} 为 i、j 两城市之间的距离,n 为省内地级市个数。

$$I_{sp} = \sqrt{\sum_{i=1}^{n} (x_i - \bar{x})^2 / n - 1} \, \frac{\sum x_i}{n} \qquad x_i = \eta_i \frac{P_i}{A_i} \qquad (3-5)$$

式中 x_i——选取的某个省级行政区第 i 城市的相应指标值;

x——相应指标的平均值;

      n——省内地级市个数;

      η_j——不同城市等级的权重[①];

      j——1~5,即超大城市、特大城市、大城市、中等城市和小城市五个等级,相应的权重分别为 0.36、0.28、0.20、0.12 和 0.04;

      P_i——第 i 地级市的总人口;

      A_i——第 i 地级市的面积。

$$I_{su} = \frac{\sum a_j N_j}{A} \qquad\qquad (3-6)$$

式中 a_j——不同城市等级的权重;

      N_j——相应等级的城市数量(县城数量包括在小城市数量中);

      j——1~5,即五个等级的城镇体系;

      A——全省面积。

    事实上,空间紧凑度也不是越紧凑越好,就如同集聚经济与集聚不经济一样,紧凑度过高所带来的人口密度太大,城镇密度太大,会导致区域内竞争压力大,产业趋同、空间剥夺等问题的出现。因此,空间紧凑度还是应该追求紧凑的合理性,合理的紧凑度会加快区域空间的运行效率,是区域综合效益的最大化体现,过高和过低都不利于区域的健康、快速发展。

3.1.4 交通网络化维度

    本书使用区域交通通达性来表征区域空间网络化维度。交通通达性指利用特定的交通系统从某一区位到达指定活动区位的便捷程度,是评价交通网络的综合性指标。从交通通达性的概念来看,其既包含空间的概念,即区域空间内节点的区位及节点间的疏密关系,还包含时间概念,即各节点之间联系程度的大小(时间可达性)。之所以选择交通通达性这一指标来检验它与区域经济效率的关系,是因为区域内的交通通达程度反映了区域的网络化程度,从而能够进一步表明区域内部节点间的联系程度或者潜在联系程度。区域内城市间的紧密联系能够产生更高的经济效率,这个假设我们能够从城市化经济外部性这一概念中得到,即城市能够从城市以外的区域获得收益,区域交通通达性大的区域会比通达性小的区域更容易获得这种收益。后面的章节会验证这一假设。

    几种常见的通达性测算方法比较见表 3-2。从表 3-2 中可以看到各种计算方法的优缺点。我们选用分散指数法进行计算,主要原因是,区域内交通的集聚与和分散程度与本书的研究核心——人口的集聚与分散联系更紧密,也就是说交通的集聚与分散对区域内人口的流动和布局会产生更为深刻的影响,更能反映区域

---

    ① 权重通过熵技术支持下的专家群民主决策法计算获得。

空间组织的结构。由于本书的研究空间是省级行政区尺度,因此节点的面积和节点间的疏密程度对本书的研究影响不大。

表 3 - 2　几种常见的通达性测算方法比较

方法	定义	优点	缺点
最短路径	交通网络中从一个节点到其他所有节点的最短路径	计算简单	仅考虑客观的路程和距离,没有考虑现实中经济、时间的差别
分散指数	所有区域内节点之间的路径之和	反映了区域内交通聚集与分散程度	没有考虑区域间各节点的面积大小和节点本身的疏密程度的影响
最短时间	表示某节点到区域网络内其他节点总的最少运行时间的总和	考虑了交通路况和通达性的现实时间意义	没有距离衰减,距离的长短对通达性的计算贡献不大
相对通达性	根据区域内各节点的差异采用标准化处理,得到相对意义上的数值	较好地反映各节点间的相互比较关系	没有反映现实的数值意义,过于抽象

通达性指示计算公式如下:

$$T_i = \sum_{i=1}^{v}(d/v) \qquad d_i = \sum_{j=1}^{v} d_{ij} \qquad\qquad (3-7)$$

其中　T_i——某省各节点相对通达性指标;

v——省内节点城市数目;

d——泛指距离;

d_i——节点 i 到其他所有节点的最短路径之和;

d_{ij}——节点 i 到节点 j 的最短路径。

3.1.5　规模维度

城市作为一个区域的磁力源,一直吸引着区域的人口及生产要素向城市集聚,城市规模的扩大实质是城市集聚的外在表现。一般来说,城市规模的扩大会带来经济效率的增加,其核心内涵是城市以本身所占有的空间为载体,以集聚的大量人口为基础,聚集着区域内大部分的社会、经济、人才、科技和信息等各种资源和优势,使得经济活动的成本更加节约,从而提高资源利用效率,增加效益。

关于城市人口规模与经济效益关系的研究较为丰富,相关学者从人口集聚角度探讨区域空间结构与劳动生产率之间的关系,得到了集聚可以提高劳动生产率这一较为一致的结论。Sveikauskas 首先提出了检验人口规模或经济规模与劳动生产率关系的模型,得出城市规模每增加一倍,劳动生产率就会提高 5.98% 的结论,验证了集聚效应的存在。随后大部分有关人口规模与劳动生产率关系的实证研究(Segal,1976;Moomaw,1981;Nakamura,1985;Herderson,1986)也都在不同程度上支持了集聚效应对劳动生产率有正向作用的理论假说。也有些学者得出了与以上研究相反的结论,如 Carlino 的研究得出人口规模对劳动生产率有负的影响。Futagami 和 Ohkusa 的研究则得出市场规模(以人口数量衡量)与经济增长率之间存在 U 形关系。

通常,集聚的实证研究不以城市密度或城市规模作为空间联系因素,但是密度或规模确实在很大程度上反映了区域空间组织。前面的文献综述中也曾提到,城市规模和功能间存在显著的正相关关系,城市越大,潜在的劳动生产率就越大。因此本书在选择空间结构指标时将规模作为一个重要维度。这个规模指的是省级行政区范围内的首位城市人口规模。中国进入城市化快速发展阶段以来,人口向城市快速集聚,超大城市、特大城市陆续增多。从省级行政区层面,我国沿海发达省份可能存在两个或者多个特大或超大城市,但中西部省份及相对落后省份可能只存在一个特大或超大城市,首位城市吸引了全省大部分的生产要素,在全省经济发展中占有重要的地位和突出的贡献。因此本书初步判断首位城市的人口规模对于全省经济效率是存在影响的,这个假设也将在后面章节得到验证。

当然,和集聚存在经济和不经济一样,城市人口规模也不能无限制地扩大,也存在着适度城市规模的问题。根据现代经济学的一般原理,适应规模经济或促进规模经济产生的适合城市规模需满足一个基本条件,即集聚边际收益 = 集聚边际成本,如图 3 - 1 所示。从图 3 - 1 中可以发现,集聚收益是城市规模的函数,随着城市规模的扩大而呈现阶段性变化的特征。即城市规模与集聚效应的正相关关系是被限定在一个区间范围内的,这个阈值就是适度人口规模,城市规模过大和过小都不能适应城市的快速发展。

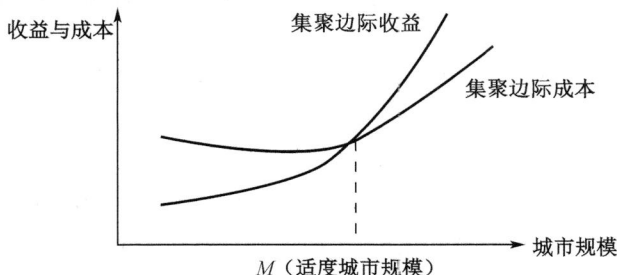

图 3 - 1 适度城市规模的边际成本与收益示意图

一个城市或区域适度规模的大小受多种因素影响,主要包括区域资源的稀缺程度、城市经济的集约程度、基础设施和配套服务设施的承载能力、管理水平的有效程度及在集聚过程中所花费的成本等。在笔者的研究过程中不涉及探讨和确定区域首位城市的适度规模,但在讨论规模维度与经济效率关系时,会考虑适度规模在二者关系中的作用或影响。

综上,这五个维度的空间结构指标大体能够反映区域空间集聚的分布状态,由于后面章节要对各指标与经济效率的关系进行计算和分析,因此,在空间结构的指标选取上需要慎重,尽量使各指标间,即各自变量间不出现多重共线性,否则将严重影响最终回归结果的科学性和可靠性。

3.2 各时间断面空间结构的多维度测度

3.2.1 中心度的测度

通过收集计算中心度指标所需基础数据,利用计算公式(3-2)对中国各省份(直辖市或自治区)中心度指标进行计算,所得结果详见表3-3、表3-4。

从数值来看,2000年、2005年和2008年中心度最高的是北京、云南和北京,分别为1.125,1.228和1.285,中心度最低的是云南、宁夏和宁夏,分别为0.409,0.492和0.520,三个时间断面最高值分别是最低值的2~3倍,这说明三个时间断面的中心度结构差异均较大。

从分布来看,2000年,中心度相对较高的是北京、内蒙古、吉林、湖北、上海等,中心度较低的是云南、宁夏、四川、山东、安徽等;2005年中心度相对较高的是北京、湖北、广东、贵州等,中心度较低的是宁夏、湖南、四川、河南、山东等;2008年中心度较高的是北京、天津、云南、陕西、广东等,中心度较低的是宁夏、四川、河南、山东等。这说明三个时间断面的中心度分布无规律可循,中心度较高的地区既包括经济较为发达的北京、上海等沿海直辖市,也包括云南、陕西等经济相对不发达省份,中心度较低的省份亦是如此。

从变化来看,2000年、2005年和2008年的中心度标准差分别为0.175,0.174和0.174,说明各省份(直辖市或自治区)之间的中心度结构差异在各时间断面间总体变化不大,由2000年的0.175下降到2008年的0.174;2000年,全国各省份(直辖市或自治区)中心度普遍偏小,平均值仅为0.784,2005年和2008年,中心度逐渐提高,平均值分别为0.845和0.854,说明中国各省份(直辖市或自治区)首位城市(省会城市)空间集聚作用增强,城市化空间结构总体呈现向单中心集聚的态势。

表 3 - 3　2000 年、2005 年和 2008 年三个时间断面中心度测度结果

省份(直辖市或自治区)	2000 年	2005 年	2008 年
北京市	1.125	1.215	1.285
天津市	0.703	0.833	0.953
河北省	0.667	0.839	0.893
山西省	0.835	0.832	0.817
内蒙古自治区	0.942	0.883	0.874
辽宁省	0.854	0.839	0.827
吉林省	1.047	0.942	0.935
黑龙江省	0.785	0.858	0.907
上海市	1.039	0.974	0.938
江苏省	0.584	0.738	0.708
浙江省	0.763	0.850	0.861
安徽省	0.607	0.577	0.604
福建省	0.750	0.938	0.961
江西省	0.758	0.787	0.781
山东省	0.601	0.632	0.629
河南省	0.772	0.696	0.688
湖北省	1.004	1.060	0.934
湖南省	0.614	0.606	0.646
广东省	0.869	1.048	1.063
广西壮族自治区	0.701	0.779	0.791
重庆市	0.724	0.723	0.721
四川省	0.610	0.672	0.676
贵州省	1.061	1.011	0.975
云南省	0.409	1.228	1.228
陕西省	0.904	0.877	0.966
甘肃省	0.887	0.895	0.890
宁夏回族自治区	0.556	0.492	0.520

表3-4　各时间断面中心度描述统计

统计项目	2000 年	2005 年	2008 年
平均值	0.784	0.845	0.854
标准差	0.175	0.174	0.174
最大值	1.125	1.228	1.285
最小值	0.409	0.492	0.520

3.2.2　集散度的测度

通过收集计算集散度指标所需基础数据,利用计算公式(3-1)对中国各省份(直辖市或自治区)集散度指标进行计算,所得结果详见表3-5、表3-6。

从数值来看,2000 年集散度最高的是河北省,为 0.856,最低的是北京市,为 0.120;2005 年集散度最高的是河南省,为 0.826,最低的是上海市,为 0.052;2008 年集散度最高的是河北省,为 0.826,最低的是上海市,为 0.050,三个时间断面最高值分别是最低值的 7 倍和 16 倍,说明三个时间断面的各省份(直辖市或自治区)之间集散度结构差异比中心度的差异更大。

从分布来看,2000 年集散度相对较高的是河北、江西、湖南、福建等,集散度较低的是北京、上海、天津、辽宁等;2005 年集散度相对较高的是河北、河南、江西、湖南等,集散度较低的是北京、上海、天津、辽宁、宁夏、广东等;2008 年集散度较高的是河北、河南、江西、湖南等,集散度较低的是北京、上海、天津、辽宁、宁夏、广东等。这说明三个时间断面的集散度分布较有规律性,集散度较高即省级行政区内人口较为分散的省份多分布在经济较为落后的省份(如江西、河北等)或分布在人口较多的省份(如河南等),集散度较低即省级行政区内人口多集聚在地级城市以上城市地区的省份多分布在直辖市、发达省份(或自治区)或人口较少的省份(或自治区),如北京、上海、天津、宁夏等。虽然北京、天津、上海等直辖市的建制性质(不设地级城市)与其他各省或自治区存在差异,在统计和计算等方面进行过特殊处理,但集散度较低的省份或自治区大多分布在经济较发达区域这一统计结果还是能够说明直辖市的集散度计算存在合理性。

从变化来看,2000 年、2005 年和 2008 年的集散度标准差分别为 0.192,0.204 和 0.200,三个时间断面的标准差变化不大,说明各省份(直辖市或自治区)之间的集散度结构差异总体变化较为平稳,略有上升趋势,由 2000 年的 0.192 上升到 2008 年的 0.200;2000 年,全国各省份(直辖市或自治区)集散度的平均值为 0.680,2005 年和 2008 年,集散度逐渐下降,平均值分别为 0.641 和 0.636,说明中国各省份(直辖市或自治区)空间结构总体呈现人口向中心城市集聚的态势,部分耦合了中心度的计算结果,即各省份(直辖市或自治区)存在单中心集聚态势。

表 3 - 5　2000 年、2005 年和 2008 年三个时间断面集散度测度结果

省份（直辖市或自治区）	2000 年	2005 年	2008 年
北京市	0.120	0.059	0.109
天津市	0.252	0.181	0.181
河北省	0.856	0.825	0.826
山西省	0.740	0.727	0.721
内蒙古自治区	0.701	0.705	0.701
辽宁省	0.578	0.570	0.562
吉林省	0.693	0.671	0.666
黑龙江省	0.679	0.657	0.640
上海市	0.140	0.052	0.050
江苏省	0.803	0.671	0.662
浙江省	0.783	0.686	0.685
安徽省	0.743	0.726	0.716
福建省	0.822	0.748	0.742
江西省	0.819	0.806	0.806
山东省	0.732	0.714	0.711
河南省	0.846	0.826	0.823
湖北省	0.685	0.636	0.695
湖南省	0.827	0.816	0.813
广东省	0.743	0.616	0.615
广西壮族自治区	0.750	0.744	0.742
重庆市	0.710	0.675	0.529
四川省	0.739	0.715	0.713
贵州省	0.765	0.747	0.743
云南省	0.793	0.789	0.787
陕西省	0.737	0.689	0.669
甘肃省	0.671	0.668	0.667
宁夏回族自治区	0.643	0.590	0.594

表 3 - 6　集散度各时间断面描述统计

统计项目	2000 年	2005 年	2008 年
平均值	0.680	0.641	0.636
标准差	0.192	0.204	0.200
最大值	0.856	0.826	0.826
最小值	0.120	0.052	0.050

3.2.3　空间紧凑度的测度

通过收集计算空间紧凑度指标所需基础数据,利用计算公式(3 - 6)对中国各省份(直辖市或自治区)空间紧凑度指标进行计算,所得结果见表 3 - 7、表 3 - 8。

从数值来看,2000 年空间紧凑度最高的是河南省,为 1.736,最低的是重庆市,为 0.675;2005 年空间紧凑度最高的是上海市,为 1.766,最低的是内蒙古自治区,为 0.754;2008 年空间紧凑度最高的是上海市,为 2.202,最低的是内蒙古自治区,为 0.787,三个时间断面最高值分别是最低值的 3 ~ 4 倍,说明三个时间断面的各省份(直辖市或自治区)之间空间紧凑度结构差异较大。

从分布来看,2000 年,空间紧凑度相对较高的是河北、河南、江西、江苏、安徽等,空间紧凑度较低的是宁夏、甘肃、云南、贵州、内蒙古等;2005 年空间紧凑度相对较高的是北京、上海、天津、山东、四川、广东等,空间紧凑度较低的是宁夏、甘肃、云南、贵州、内蒙古等;2008 年空间紧凑度较高的是北京、上海、天津、山东、四川、广东等,空间紧凑度较低的是宁夏、甘肃、云南、吉林、内蒙古等。这说明三个时间断面的空间紧凑度分布也较有规律性,空间紧凑度较高省份(直辖市或自治区)多分布在经济较发达区域,如北京、上海、天津、山东、四川、广东等,空间紧凑度较低的省份(直辖市或自治区)多分布在经济较为落后区域,如宁夏、甘肃、云南、内蒙古等。由于在统计和计算空间紧凑度时,空间相互作用指数是一项重要指标,其受区域面积、地形等自然因素影响,因此空间紧凑度的计算结果不排除受区域面积大小、形状及地形等自然因素的影响,如空间紧凑度较低的省份(直辖市或自治区)多分布在云贵高原和黄土高原等地区。但我们也应看到,黑龙江、吉林、江西、安徽、湖北等经济相对落后的省份的空间紧凑度也均不高,说明空间紧凑度虽一定程度上受自然因素影响,但总体仍能体现与经济发展的相互关系,即经济发达省份(直辖市或自治区)的空间紧凑度相对较高。

从变化来看,2000 年、2005 年和 2008 年的空间紧凑度标准差分别为 0.251,0.240 和 0.297,三个时间断面的标准差变化较大,虽然在 2005 年出现较为明显的下降,但总体仍呈现上升的趋势,说明各省份(直辖市或自治区)之间的空间紧凑度结构差异呈现上升特征,由 2000 年的 0.251 上升到 2008 年的 0.297;2000 年,全国各省份(直辖市或自治区)空间紧凑度的平均值为 1.147,2005 年和 2008 年,空间紧凑度逐渐上升,平均值分别为 1.167 和 1.232,说明各省份(直辖市或自治区)空间结构总体呈现紧凑发展态势。

表 3－7　2000 年、2005 年和 2008 年三个时间断面空间紧凑度测度结果

省份(直辖市或自治区)	2000 年	2005 年	2008 年
北京市	1.381	1.479	1.549
天津市	0.947	1.324	1.592
河北省	1.599	1.265	1.304
山西省	1.242	1.123	1.158
内蒙古自治区	0.852	0.754	0.787
辽宁省	1.260	1.239	1.288
吉林省	1.060	0.924	0.980
黑龙江省	1.061	0.979	1.015
上海市	1.174	1.766	2.202
江苏省	1.341	1.438	1.489
浙江省	1.227	1.250	1.285
安徽省	1.299	1.258	1.313
福建省	1.154	1.107	1.143
江西省	1.084	1.085	1.130
山东省	1.451	1.446	1.488
河南省	1.736	1.372	1.434
湖北省	1.139	1.224	1.254
湖南省	1.285	1.225	1.277
广东省	1.299	1.350	1.402
广西壮族自治区	0.999	1.063	1.114
重庆市	0.675	1.105	1.257
四川省	1.359	1.310	1.350
贵州省	0.863	0.952	1.003
云南省	0.838	0.765	0.791
陕西省	1.048	1.124	1.030
甘肃省	0.810	0.789	0.817
宁夏回族自治区	0.779	0.783	0.820

表3-8 空间紧凑度各时间断面描述统计

统计项目	2000 年	2005 年	2008 年
平均值	1.147	1.167	1.232
标准差	0.251	0.240	0.297
最大值	1.736	1.766	2.202
最小值	0.675	0.754	0.787

3.2.4 交通网络通达度的测度

通过收集计算交通网络通达度指标所需基础数据,利用计算公式(3-7)对中国各省份(直辖市或自治区)交通网络通达度指标进行计算,所得结果见表3-9、表3-10。

从数值来看,2000 年交通网络通达度最高的是江苏省,为22.816,最低的是天津市,为4.713;2005 年交通网络通达度最高的是河南省,为14.086,最低的是天津市,为3.891;2008 年交通网络通达度最高的是内蒙古自治区,为5.681,最低的是上海市,为3.364,说明 2000 年和 2005 年两个时间断面的各省份(直辖市或自治区)之间交通网络通达度结构差异较大,最高值分别是最低值的 5 倍和 4 倍。2008 年,各省份(直辖市或自治区)之间的交通网络通达度差异则较小,说明各省份(直辖市或自治区)随着经济的发展,交通基础设施建设取得较大进展,交通网络通达程度均较高。

从分布来看,2000 年交通网络通达度相对较高的是河北、河南、贵州、重庆、江西等,交通网络通达度较低的是北京、天津、上海、福建等;2005 年交通网络通达度相对较高的是重庆、贵州、甘肃、山东、河南等,交通网络通达度较低的是北京、天津、上海、江苏等;2008 年交通网络通达度较高的是内蒙古、黑龙江、云南、甘肃等,交通网络通达度较低的是北京、天津、上海、江苏等。这说明三个时间断面的交通网络通达度分布也较有规律性,即交通网络通达度较低(交通网络通达度越低,说明省级行政区内的网络通达性越好)的省份(直辖市或自治区)多分布在经济较发达区域。其中 2000 年的规律性较 2005 年和 2008 年差,但也总体呈现经济发达区域的交通网络通达度低的特征。交通网络通达度与空间紧凑度相比更易受区域面积、形状和地形的影响,因此交通网络通达度的计算结果同样不排除受省级行政区面积大小、形状及地形等自然因素的影响,如内蒙古、甘肃、云南等省份(直辖市或自治区)的交通网络通达度数值一直较高。但总体来看,经济发达区域省份(直辖市或自治区)的交通网络通达度均较小,说明交通网络通达度虽一定程度上受自然因素影响,但总体仍能体现与经济发展的相互关系,即经济发达省份(直辖市或自治区)的交通网络通达度相对较低,通达性较好。

从变化来看,2000 年、2005 年和 2008 年的交通网络通达度标准差分别为3.990,2.668 和 0.503,三个时间断面的标准差较大,且呈现明显的下降趋势,说明各省份(直辖市或自治区)之间的交通网络通达度结构差异呈现下降特征,由 2000 年的 3.990 下降到 2008 年的 0.503;2000 年,全国各省份(直辖市或自治区)交通网络通达度的平均值为 12.628,2005 年和 2008 年,交通网络通达度逐渐下降,平均值分别为 9.332 和 4.679,说明中国各省份(直辖市或自治区)的空间网络通达性在逐渐改善,网络程度在逐渐提高。

表 3-9　2000、2005 和 2008 年三个时间断面交通网络通达度测度结果

省份(直辖市或自治区)	2000 年	2005 年	2008 年
北京市	5.261	4.868	3.517
天津市	4.713	3.891	3.496
河北省	12.600	9.820	4.985
山西省	10.859	8.649	4.822
内蒙古自治区	12.424	10.587	5.681
辽宁省	10.185	8.668	4.587
吉林省	11.838	8.286	4.786
黑龙江省	15.340	11.500	5.114
上海市	8.943	4.769	3.364
江苏省	22.816	7.776	4.565
浙江省	15.567	9.513	4.654
安徽省	11.597	9.928	4.655
福建省	8.059	7.062	4.645
江西省	17.043	10.160	4.730
山东省	15.077	13.300	4.829
河南省	17.376	14.086	4.654
湖北省	15.139	9.610	4.649
湖南省	14.266	9.842	4.703
广东省	8.614	7.663	4.826
广西壮族自治区	9.270	7.911	4.941
重庆市	17.538	13.425	4.723
四川省	12.131	9.612	4.911
贵州省	16.546	12.224	4.572
云南省	9.852	6.439	5.298
陕西省	14.379	11.612	4.829
甘肃省	14.253	13.568	5.308
宁夏回族自治区	9.265	7.205	4.485

表 3 – 10   交通网络通达度的各时间断面描述统计

统计项目	2000 年	2005 年	2008 年
平均值	12.628	9.332	4.679
标准差	3.990	2.668	0.503
最大值	22.816	14.086	5.681
最小值	4.713	3.891	3.364

3.3   中国城市化空间结构的时空演变特征

从全国各省份(直辖市或自治区)人均 GDP 的分布情况可以看出,中国各省份(直辖市或自治区)人均 GDP 分布大体呈现阶梯状,由东向西依次递减。东部沿海为第一阶梯,人均 GDP 较高,属经济较发达省份(直辖市或自治区),中部省份(直辖市或自治区)为第二阶梯,西北内陆省份(直辖市或自治区)为第三阶梯。结合全国人均 GDP 的分布情况,本书对各省份(直辖市或自治区)的城市化空间结构在时空上的演变特征和规律进行总结。

3.3.1   空间结构省际差异大,且变化趋势不一

从各空间结构指标的计算结果来看,中心度、集散度、空间紧凑度和交通网络通达度的省际差异均很大。差异最大的是 2000 年的交通网络通达度,最大值是最小值的 5 倍,标准差达到了 3.990,差异最小的是 2005 年和 2008 年的中心度,标准差仅为0.174,但最大值仍约是最小值的 3 倍,差异依然明显。从变化情况来看,各指标的时间变化趋势不一,仅交通网络通达度的平均值和标准差均呈现下降趋势,而中心度、集散度和空间紧凑度的全国平均值和标准差都出现了不同程度的提升。

1. 交通网络通达度的平均值和标准差均呈现下降趋势

这一趋势也符合当前我国各省份(直辖市或自治区)的发展态势,随着公路、铁路、航运等综合交通线的逐渐完善和网络化,各省份(直辖市或自治区)的交通通达性都不同程度地得到了提升,且各省份(直辖市或自治区)之间的差距也在逐渐降低。

2. 各省份(直辖市或自治区)中心度的变化趋势不尽相同

中心度逐年提升的省份(直辖市或自治区)包括北京、天津、黑龙江、广东、云南等,中心度逐年下降的省份(直辖市或自治区)包括山西、内蒙古、辽宁、上海、贵州等。由此可见,中心度并未随着各省份(直辖市或自治区)的经济发展呈现统一的变化趋势,其变化趋势也没有同各省份(直辖市或自治区)所处经济发展阶段相协调。

3.各省份(直辖市或自治区)集散度和空间紧凑度的变化趋势较为一致

从各省份(直辖市或自治区)集散度和空间紧凑度的计算结果不难看出,各省份(直辖市或自治区)的集散度和空间紧凑度大体呈现统一的变化趋势,集散度呈下降趋势,说明各省份(直辖市或自治区)的人口在2000年至2008年间持续向首位城市和中心城市集聚。空间紧凑度呈现上升趋势,说明各省份(直辖市或自治区)内部的空间集聚程度和内部联系程度在逐渐提升。但从标准差来看,各省份(直辖市或自治区)的集散度和空间紧凑度都出现了不同程度的上升,即各省份(直辖市或自治区)之间的这两个指标差异在逐渐扩大,说明各省份(直辖市或自治区)在集聚过程中存在速度上的差异。

3.3.2　空间紧凑度和交通网络通达度受自然条件影响

从空间紧凑度和交通网络通达度在各省份(直辖市或自治区)的分布情况来看,宁夏、甘肃、贵州、云南、内蒙古等位于云贵高原和黄土高原区域的省份(直辖市或自治区),其空间紧凑度和交通网络通达度都不高。说明这两个指标在一定程度上受区域地形地貌的影响,主要原因是在计算空间紧凑度和交通网络通达度时都需要对区域内两个城市之间的最短路径之和进行统计,由于上述各省份(直辖市或自治区)海拔较高、地形复杂,或受地貌条件限制,尽管两市直线距离较近,但实际最短路径却远大于直线距离,如西南山区比较普遍的"之字形"公路,虽然两点之间直线距离不远,但复杂的地形造就的"之字形"公路大大地增加了两点间的实际距离,进而降低了两点之间的通达程度及区域的空间紧凑程度。另外,空间紧凑度和交通网络通达度还受区域面积和形状的影响,如黑龙江、甘肃和内蒙古等面积较大或省级行政区形状为狭长形省份或自治区的这两个指标均较其他省份或自治区低。虽然没有合适的证据能证明自然条件对中心度和集散度也存在明显影响,但恶劣的自然条件、地形条件导致的交通不可达等因素必然无法吸引人口向这一区域集聚,因此,我们有理由相信,自然条件对空间结构的影响是存在的。

3.3.3　经济相对发达省份(直辖市或自治区)集聚程度较高

集散度和空间紧凑度反映了区域内的人口及其他要素的集聚程度。从这两个指标在全国的分布情况来看,经济相对发达省份(直辖市或自治区)的集散度较低、人口集聚程度较高;空间紧凑度较高、省级行政区内的空间集聚程度和内部联系程度较高,说明集散度和空间紧凑度受经济发展的影响较为明显。另一方面,从各时间断面的变化情况来看,经济相对发达省份(直辖市或自治区)的集散度和空间紧凑度的变化速度也较欠发达省份(直辖市或自治区)快。如上海、江苏、浙江、广东等,2000年到2008年,集散度分别从0.140,0.803,0.783,0.743下降到0.050,0.662,0.685和0.615,降幅均在10%以上,而山西、河北、湖南、贵州、云南等省则降幅较小。空间紧凑度也呈现同样的变化特征。这一结果和实际发展情况是相符的,首先经济发达省份(直辖市或自治区)的首位城市或中心城市经济实力较强,强大的集聚和吸引能力,促使省份(直辖市或自治区)内人口和生产要素向中心城市集聚和流动,从而提高了集聚程度。其次,同不发达省份(直辖市或自治区)相比,发达省份(直辖市或自治区)的中心城市更具有吸引力,在一定程度上吸引了不发达省份(直辖市或自治区)的人口和生产要素向发达省份流动和集聚。

3.3.4 单中心集聚为我国各省份(直辖市或自治区)主要空间组织模式

从 2000 年和 2008 年的中心度平均值可以看出,全国中心度平均值由 0.784 上升到 0.854,全国大部分省份(直辖市或自治区)仍然以单中心集聚为空间组织模式,仅上海、辽宁、湖北、山西、内蒙古、吉林、河南、湖北、贵州、宁夏等省份(自治区)的中心度出现下降趋势,空间结构逐渐向多中心发展。但我们也应看到,上海、辽宁、吉林、内蒙古、湖北等人均 GDP 相对较高省份(直辖市或自治区)的中心度值均较大,虽变化趋势呈现多中心,但实际空间组织仍是单中心模式。宁夏回族自治区中心度值最低,多中心程度最高,究其原因却是首位城市人口太少的缘故,银川的市辖区人口仅 88.84 万人,名列全国省会城市的最后一位,但即使如此,也远远大于省内第二位的城市石嘴山市,约是石嘴山市人口的 2 倍,可以说这种多中心是一种低集聚的多中心。

3.3.5 空间发育阶段滞后于经济发展阶段

从中心度在全国的分布来看,人均 GDP 较高的省份(直辖市或自治区)并没有呈现出较为一致的中心度特征。从经济发展阶段和空间发育规律来看,根据钱纳里等人提出的经济发展阶段判定标准和指标,计算 2008 年中国各省人均 GDP、第二产业占 GDP 比重、轻工业与重工业的比重及城镇化水平,并对这四个指标进行聚类,所得结果如图 3-2 所示。从图 3-2 我们可以看出,北京、天津和上海明显处于第一类,广东、浙江、江苏、辽宁等属于第二类,贵州、云南、广西、安徽属于第三类。首先,处于各类不同发展阶段的省份(直辖市或自治区)不仅没有呈现出较为一致的中心度特征,而且变化趋势也不相同,以第一类为例,北京、天津的中心度仍以上升为主要趋势,单中心集聚态势明显,上海则出现了中心度降低的趋势,即逐渐向多中心转化,但 2008 年的中心度仍为 0.938,高于全国平均水平。其次,即使处于第三类的安徽、贵州等省份,也均已进入工业化中后期阶段,北京、上海等的经济发展已经处于工业化后期,甚至处于后工业化时期,然而,在空间发育上,这些发达省份(直辖市或自治区)并没有呈现出由增长极(集聚)向点轴(扩散)再向网络化(均衡)发展的显著特征,中心度仍在逐年提升,尽管区域内交通网络通达度较高,但城市间仍各自为政,缺少合作,首位城市对周边区域的剥夺和极化作用仍然强大和明显。因此,目前各省份(直辖市或自治区)的空间发育仍是由增长极向点轴式过度或点轴式特征为主,明显滞后于经济发展阶段。

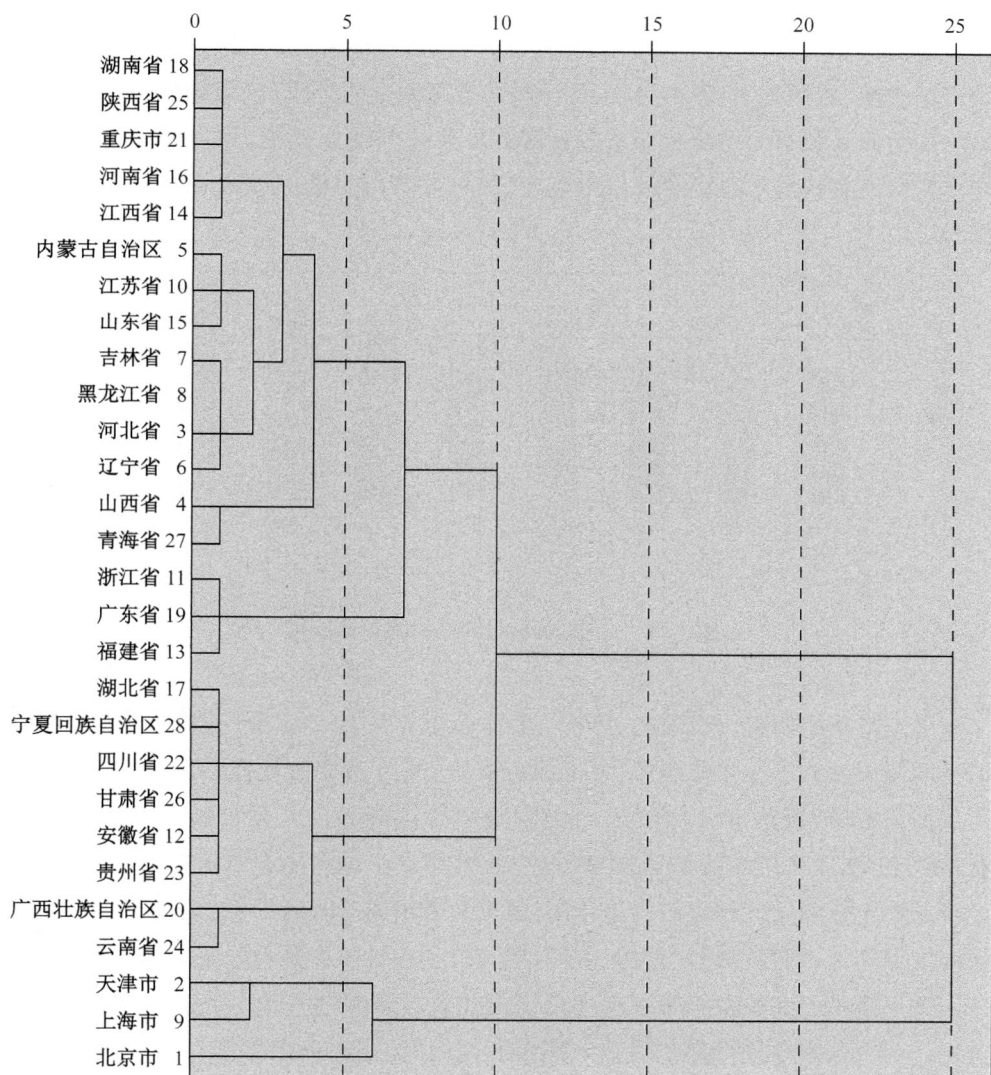

图 3－2　中国各省份(直辖市或自治区)经济发展阶段聚类树状图

3.4 本章小结

随着中国快速城市化进程的推进,各省份(直辖市或自治区)经济得到了长足的发展,从2000—2008年,中国GDP年均增长率从未低于7%,2007年更是达到了惊人的13%(图3-3)。在经济快速发展的背后,也应看到转型期面临的阵痛,以及市场分割、恶性竞争、环境污染、资源破坏等区域空间矛盾、区域结构极化现象明显。如何使区域空间结构更加适应经济和城市化的快速发展,如何能促使区域空间结构快速有效地对经济发展做出响应,区域发展的空间组织模式选择显得尤为重要。

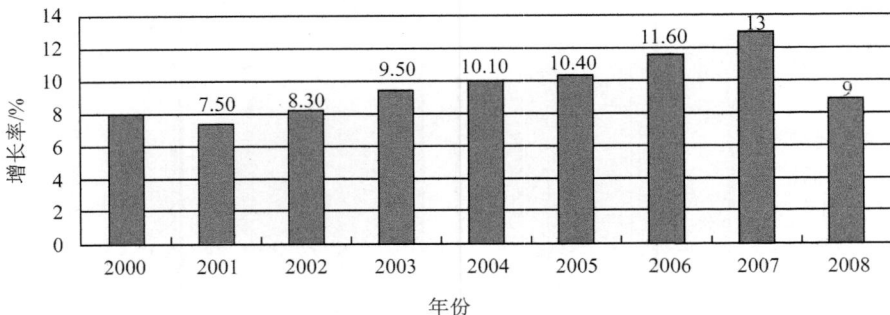

图3-3 中国2000—2008年GDP增长率

通过本章的研究可以看出,单中心集聚依然在中国各省份(直辖市或自治区)的空间组织结构中呈主流态势,无论经济发达省份(直辖市或自治区)还是经济相对欠发达省份(直辖市或自治区),仍以单中心集聚为主要发展特征。从表面上看,鉴于中国经济持续的快速发展,单中心结构在中国各省份(直辖市或自治区)经济发展中依然发挥积极的促进作用,是较为合理的空间组织,这也进一步验证了空间发育理论,即在空间发育初、中期,增长极和点轴发展是有效率的。

关于多中心和单中心哪种空间组织模式更具效率的争论一直存在,且并没有定论。西方国家在进行都市圈和大都市区规划时,往往采用多中心的空间结构组织形式。在区域发展过程中,培育多中心的空间结构能够打破"一核依赖"的空间局面,疏散核心城市的部分服务功能,缓解由于过度集聚所带来的城市问题和矛盾,使区域空间结构形态更加均衡。但笔者认为这种服务功能的疏散并非是构建多中心空间结构的主要目的,更重要的是要强调核心城市与其他中心城市之间的互补、流通、联系,而不是核心城市(首位城市)在功能上的扩散和转移。对于一个城市,单中心集聚的摊大饼式扩张不是我们想看到的,多中心的功能分区、功能转移能够缓解中心城区的各种压力,从而解决城市矛盾。对于一个区域,空间结构的组织形态更需要用效率来衡量,这种效率更多地反映在经济发展上。从本章的研究结果看,中国各省份(直辖市或自治区)的空间结构呈现单中心集聚,且有效率,但这种空间组织形态能否真正更有效率地促进经济发展,能否真正满足目前中国经济发展的需要,还需进一步量化论证。到底是单中心还是多中心更能通过功能互补、便捷流动从而激励中心城市之间乃至整个省级行政区的进一步分工协作,还是应从其对经济效率是否具有正向影响上着手。

第4章 经济效率的测度与特征

区域,尤其是具有明确行政边界的省级行政区,是一个有机整体,是一个包含政治、经济、社会、生态等要素的巨系统。因此,区域具有所有系统共同具备的整体性、关联性、等级结构性、动态平衡性和时序性等基本特征。系统论的核心思想是系统的整体观念。贝塔朗菲强调,任何系统都是一个有机的整体,它不是各个部分的机械组合或简单相加。系统的整体功能是各要素在孤立状态下所没有的性质。区域作为一个系统,空间组织结构是决定这个系统运行效率高低的关键。本书采用经济效率作为评判标准判断区域空间结构是否适应区域的发展。

本书对经济效率的量化分别从经济效率、经济联系和经济潜力三个维度进行计算。

4.1 指标选取

4.1.1 经济效率指标——劳动生产率

1.劳动生产率的内涵

劳动生产率是指劳动者在一定时期内创造的劳动成果与其相适应的劳动消耗量的比值。劳动生产率水平可以用同一劳动在单位时间内生产某种产品的数量来表示,单位时间内生产的产品数量越多,劳动生产率就越高;也可以用生产单位产品所耗费的劳动时间来表示,生产单位产品所需要的劳动时间越少,劳动生产率就越高。

2.影响劳动生产率高低的因素

劳动生产率的高低是由社会生产力的发展水平决定的。影响劳动生产率高低的因素主要有以下几方面。

(1)劳动熟练程度。劳动者的劳动熟练程度直接决定劳动生产率的高低,熟练程度越高,劳动生产率越高。这里的劳动熟练程度不仅仅是指劳动者在劳动中的操作熟练程度,还包括劳动者接受新技术和新生产工艺流程的熟练程度。

(2)科学技术。科学技术是第一生产力,科学技术越发达,科技转化率越高,劳动生产率也就越高。

(3)组织和管理。高效的生产组织和管理模式是提高劳动生产率的重要保障,其包括在生产过程中的劳动者分工、合作及组合等。

（4）规模和效能。规模是指劳动生产资料的集聚程度,规模经济自然会带来劳动生产率的提高。效能是指在劳动过程中对生产资料(原料和燃料等)及工具的有效利用程度

（5）自然条件。自然条件主要包括与社会生产有关的地质状态、资源分布、矿产品位、气候条件和土壤肥沃程度等。

本书前文已经明确指出,国内外学者已经得出人口规模或经济规模与劳动生产率存在相关的结论,这种相关的实质是集聚经济的客观存在。在区域空间集聚过程中,大量人口、劳动力、资金、技术向中心城市集聚,势必提高了上述影响劳动生产率高低的因素。集聚带来了密度和规模的提升,而密度和规模在很大程度上反映了区域的空间组织,因此,本书选取劳动生产率这一指标作为检验区域空间结构效率的关键因素。其计算公式是用城市市区生产总值除以全部就业人口,单位为"元/人"。

4.1.2　经济联系指标——经济关联度

区域是一个开放的系统,区域内部由相互作用、相互联系的城市组成了复杂的网络结构。城市间的相互作用、相互联系体现在经济、人口、社会、资源等要素的流动方面。在区域这个城市体系所组成的网络中,人口流动和经济联系是促进区域空间结构重组的关键因素。区域内城市间的经济联系强度决定了区域总体经济发展的优劣,反映着空间结构在区域经济发展中所体现出的经济效率。

经济联系的概念在地理学词典中已经明确给出,是指"地区之间、地区内部、城镇之间、农村之间及城乡之间在原料、材料及工农业产品的交换活动和技术经济上的相互联系。区域经济联系的产生和发展是劳动地域分工的结果"。随着我国经济的快速发展,各省内部、省际的经济联系日益密切,区域经济一体化发展成为当前我国区域城市化、工业化和农业现代化的重要特征。

关于经济联系的研究,主要受城市间相互作用测度的影响,即从万有引力模型演化而来的城市间相互作用模型,其遵循距离衰减原理,是描述各种空间事物间相互作用最简单、最重要的数学模型和基本函数。经济学相关辞典也明确提出,区域经济联系存在着类似万有引力的规律,这一说法得到了经济学界和地理学界的广泛认同,并形成了经济引力论。塔费认为,城市之间的经济联系强度同两个城市的人口成正比,同它们之间距离的平方成反比。此后,国内外学者在研究经济联系时先后提出了基本引力模型、综合规模、扩散潜能等理论和方法,丰富了区域间的相互作用和经济联系的研究成果。计算城市间经济联系的典型公式如下:

$$P_{ij} = k \frac{\sqrt{P_i V_i} \times \sqrt{P_j V_j}}{D_{ij}^{~2}} \tag{4-1}$$

由于本书所要计算的经济关联度是整个区域的综合值,因此对上述公式进行修正,即

$$R = \frac{\sum_{i,j=1}^{n} \dfrac{\sqrt{P_i V_i} \times \sqrt{P_j V_j}}{D_{ij}^2}}{1 + 2 + \cdots + (n-1)} \qquad (4-2)$$

式中,R 为某省内部经济关联度;P_i、V_i 为某省 i 地级市市辖区总人口(万人)、工业总产值(亿元);P_j、V_j 分别为某省 j 地级市市辖区总人口(万人)、工业总产值(亿元);D_{ij} 为城市 i 和城市 j 市辖区之间最短道路距离。

该公式建立在诸多假设之上,如假设任何两个城市之间的联系方式相同,人口和工业总产值在两市经济联系中扮演同样角色,即权重相同等。因此,该公式也存在一定的弊端,即当任何两个城市的人口、工业总产值和两市之间距离相同时,所得出的经济关联度是相同的,但实际上并非如此。所以该公式计算的是区域内的绝对经济关联度,也可引申为潜在的最大经济关联度。

4.1.3 经济潜力指标——投资产出率

本书之所以选取投资产出率作为经济潜力的测算指标,是建立在公共投资具有生产力效应,即投资产出率的提高具有提高区域经济效率的假设之上的。1989年,Aschauer 首先对美国政府公共投资的产出效率进行了测算,随后 Munnell 在1990 年的研究成果表明,公共投资与经济增长之间存在正向的促进关系,但也有一些学者得出了与之相反的结论(Holtz – Eakin,1993)。从理论上来说,大多数的研究成果还是印证了公共投资是一种对经济效率具有正向作用的生产要素这一假设。

不同的区域,其投资产出率是不同的,其中的作用机制非常复杂。美国运筹学家 A. chames 和 Coope 于 1978 年提出了数据包络分析方法(Data Envelopment Analysis,DEA),来分析多个输入值与多个输出值之间的运行机制。DEA 模型中投资产出机理示意图如图 4 – 1 所示。

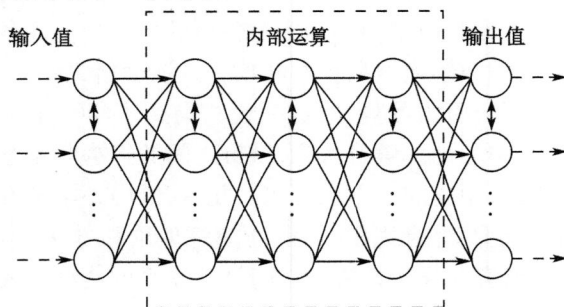

图 4 – 1   DEA 模型中投资产出机理示意图

本书限于研究范围,不对投资产出的内部机理进行探讨,并假设区域的经济发展阶段或区域空间组织结构可能对投资产出率产生影响。投资产出率等于辖区总GDP 除以总投资,总投资用全社会固定资产投资和实际利用外资求和进行计算,外资由当年平均汇率换算成人民币。

4.2 经济效率的测度

4.2.1 劳动生产率

通过收集计算劳动生产率指标所需基础数据,对中国各省份(直辖市或自治区)劳动生产率指标进行计算,所得结果取以 10 为底的对数,所得结果见表 4-1、表 4-2。

表 4-1 2000 年、2005 年和 2008 年三个时间断面劳动生产率测度结果

省份(直辖市或自治区)	2000 年	2005 年	2008 年
北京市	4.763	5.138	5.268
天津市	5.080	5.268	5.490
河北省	4.779	5.140	5.348
山西省	4.506	4.988	5.166
内蒙古自治区	4.477	5.266	5.550
辽宁省	4.899	5.226	5.451
吉林省	4.917	5.041	5.399
黑龙江省	4.817	5.086	5.281
上海市	4.972	5.322	5.560
江苏省	5.120	5.432	5.587
浙江省	5.148	5.386	5.412
安徽省	4.724	5.165	5.365
福建省	4.956	5.144	5.305
江西省	4.452	5.077	5.301
山东省	5.028	5.287	5.492
河南省	4.669	4.991	5.203
湖北省	4.818	5.142	5.337
湖南省	4.710	5.166	5.380
广东省	5.155	5.441	5.600

表 4 – 1（续）

省份（直辖市或自治区）	2000 年	2005 年	2008 年
广西壮族自治区	4.613	5.125	5.345
重庆市	4.783	5.107	5.296
四川省	4.667	5.119	5.326
贵州省	4.609	4.936	5.118
云南省	4.799	5.197	5.323
陕西省	4.644	5.020	5.210
甘肃省	4.721	5.024	5.239
宁夏回族自治区	4.386	4.991	5.207

表 4 – 2　劳动生产率各时间断面描述统计

统计项目	2000 年	2005 年	2008 年
平均值	4.786	5.156	5.356
标准差	0.210	0.134	0.126
最大值	5.155	5.441	5.600
最小值	4.386	4.936	5.118

从数值来看，2000 年、2005 年和 2008 年劳动生产率最高的都是广东省，分别为 5.155，5.441 和 5.600，劳动生产率最低的是宁夏回族自治区、贵州省和贵州省，分别为 4.386，4.936 和 5.118。三个时间断面最高值与最低值相差不大，这也说明三个时间断面的各省份（直辖市或自治区）之间劳动生产率差异较其他指标小。

从分布来看，2000 年，劳动生产率相对较高的省份（直辖市或自治区）包括北京、天津、浙江、江苏、广东、上海、山东等，劳动生产率较低的省份（直辖市或自治区）包括宁夏、贵州、广西、四川、河南、山西、内蒙古，分布格局规律性强，经济发达省份的劳动生产率明显高于欠发达省份；2005 年和 2008 年，除内蒙古和四川等省份（直辖市或自治区）劳动生产率变化较大之外，经济较发达省份（直辖市或自治区）的劳动生产率依旧较高，经济相对欠发达省份（直辖市或自治区）的劳动生产率相对较低。这说明三个时间断面的劳动生产率分布均有较强的规律性。

从变化来看，2000 年、2005 年和 2008 年的劳动生产率标准差分别为 0.210，0.134 和 0.126，说明各省份（直辖市或自治区）之间的劳动生产率差异在逐渐缩小，由 2000 年的 0.210 下降到 2008 年的 0.126；2000 年，全国各省份（直辖市或自治区）劳动生产率平均值为 4.786，2005 年和 2008 年，劳动生产率逐渐提高，平均值分别为 5.156 和 5.356，说明中国各省份（直辖市或自治区）的生产效率在逐渐提升。

4.2.2 经济关联度

通过收集计算经济关联度指标所需基础数据,对中国各省份(直辖市或自治区)经济关联度指标进行计算,所得结果详见表4-3、表4-4。

从数值来看,2000年、2005年和2008年经济关联度最高的是上海市、江苏省和江苏省,分别为2.810,3.019和3.187,经济关联度最低的是内蒙古自治区、内蒙古自治区和云南省,分别为1.357,1.378和1.477,三个时间断面最高值与最低值相差均2倍以上,这也说明三个时间断面的各省份(直辖市或自治区)之间经济关联度的差异较劳动生产率高。

从分布来看,2000年,经济关联度相对较高的省份(直辖市或自治区)包括北京、天津、江苏、上海、辽宁等,经济关联度较低的省份(直辖市或自治区)包括陕西、甘肃、云南、广西、江西、内蒙古等,分布格局规律性强,经济发达省份(直辖市或自治区)的经济关联度明显高于欠发达省份(直辖市或自治区);2005年和2008年,上述规律性依旧存在,即经济较发达省份(直辖市或自治区)的经济关联度较高,经济相对欠发达省份(直辖市或自治区)的经济关联度相对较低。由于经济关联度受省级行政区内两个城市之间最短有效距离的影响,因此自然条件也成为经济关联度主要制约因素,主要原因已在第3章讨论空间紧凑度和交通网络通达度时进行过分析,这里不多做赘述。

从变化来看,2000年、2005年和2008年的经济关联度标准差分别为0.363,0.416,0.414,说明各省份(直辖市或自治区)之间的经济关联度差异呈现上升特征,由2000年的0.363上升到2008年的0.414;2000年,全国各省份(直辖市或自治区)经济关联度平均值为2.192,2005年和2008年,经济关联度逐渐提高,平均值分别为2.220和2.334,说明中国各省份(直辖市或自治区)的经济关联度总体呈现上升趋势。

表4-3 2000年、2005年和2008年三个时间断面经济关联度测度结果

省份(直辖市或自治区)	2000年	2005年	2008年
北京市	2.770	2.810	2.840
天津市	2.570	2.590	2.610
河北省	2.375	2.117	2.202
山西省	2.011	1.976	2.096
内蒙古自治区	1.357	1.378	1.492
辽宁省	2.567	2.611	2.751
吉林省	2.261	2.089	2.254

表4-3(续)

省份(直辖市或自治区)	2000 年	2005 年	2008 年
黑龙江省	1.900	1.799	1.901
上海市	2.810	2.850	2.870
江苏省	2.796	3.019	3.187
浙江省	2.343	2.603	2.710
安徽省	2.223	2.309	2.471
福建省	2.206	2.316	2.444
江西省	1.875	1.956	2.133
山东省	2.395	2.555	2.686
河南省	2.241	2.329	2.460
湖北省	2.321	2.483	2.594
湖南省	2.317	2.301	2.439
广东省	2.128	2.429	2.559
广西壮族自治区	1.757	1.861	1.984
重庆市	2.170	2.280	2.360
四川省	2.058	2.120	2.271
贵州省	2.425	2.303	2.442
云南省	1.688	1.390	1.477
陕西省	1.844	2.100	2.226
甘肃省	1.487	1.435	1.511
宁夏回族自治区	2.298	1.937	2.036

表4-4　经济关联度各时间断面描述统计

统计项目	2000 年	2005 年	2008 年
平均值	2.192	2.220	2.334
标准差	0.363	0.416	0.414
最大值	2.810	3.019	3.187
最小值	1.357	1.378	1.477

4.2.3　投资产出率

通过收集计算投资产出率指标所需基础数据,对中国各省投资产出率指标进行计算,所得数据取以 10 为底的对数,所得结果详见表 4-5、表 4-6。

从数值来看,2000 年、2005 年和 2008 年投资产出率最高的是江西省、广东省和广东省,分别为 0.934,0.514 和 0.560,投资产出率最低的是宁夏回族自治区、重庆市和陕西省,分别为 0.252,0.148 和 0.086,三个时间断面最高值与最低值相差均 4 倍以上,这也说明三个时间断面的各省份(直辖市或自治区)之间投资产出率的差异较高。

从分布来看,2000 年,投资产出率相对较高的省份(直辖市或自治区)包括江西、福建、安徽、山东、河南等,投资产出率较低的省份(直辖市或自治区)包括北京、天津、上海、贵州、云南、陕西、甘肃、宁夏等,分布格局较为混乱,投资产出率较高的省份(直辖市或自治区)既包括经济发达省份(直辖市或自治区)也包括相对欠发达省份(直辖市或自治区),投资产出率低的分布亦是如此;2005 年和 2008 年,分布格局依然没有改观,分布规律杂乱无章。

从变化来看,2000 年、2005 年和 2008 年的投资产出率标准差分别为 0.157,0.083 和 0.109,说明各省份(直辖市或自治区)之间的投资产出率差异呈现下降特征,由 2000 年的 0.157 下降到 2008 年的 0.109;2000 年,全国各省份(直辖市或自治区)投资产出率平均值为 0.604,2005 年和 2008 年,投资产出率逐渐下降,平均值分别为 0.312 和 0.269,说明中国各省份(直辖市或自治区)的投资产出率总体呈现下降趋势。

表 4-5　2000 年、2005 年和 2008 年三个时间断面投资产出率测度结果

省份(直辖市或自治区)	2000 年	2005 年	2008 年
北京市	0.552	0.383	0.441
天津市	0.466	0.362	0.278
河北省	0.688	0.328	0.262
山西省	0.561	0.349	0.298
内蒙古自治区	0.269	0.220	0.235
辽宁省	0.659	0.283	0.195
吉林省	0.649	0.256	0.123
黑龙江省	0.690	0.514	0.398
上海市	0.379	0.404	0.457
江苏省	0.820	0.263	0.242
浙江省	0.655	0.257	0.337
安徽省	0.706	0.267	0.106
福建省	0.851	0.361	0.228

表 4-5（续）

省份（直辖市或自治区）	2000 年	2005 年	2008 年
江西省	0.934	0.232	0.149
山东省	0.723	0.251	0.344
河南省	0.782	0.269	0.258
湖北省	0.557	0.359	0.280
湖南省	0.658	0.329	0.303
广东省	0.606	0.514	0.560
广西壮族自治区	0.651	0.331	0.270
重庆市	0.626	0.148	0.093
四川省	0.580	0.291	0.223
贵州省	0.517	0.245	0.244
云南省	0.479	0.387	0.286
陕西省	0.575	0.264	0.086
甘肃省	0.424	0.343	0.317
宁夏回族自治区	0.252	0.214	0.256

表 4-6　投资产出率各时间断面描述统计

统计项目	2000 年	2005 年	2008 年
平均值	0.604	0.312	0.269
标准差	0.157	0.083	0.109
最大值	0.934	0.514	0.560
最小值	0.252	0.148	0.086

4.3　经济效率的时空变化特征

4.3.1　劳动生产率与经济关联度的空间分布规律明显

从劳动生产率和经济关联度的空间分布可以看出,劳动生产率和经济关联度在空间上的分布与人均 GDP 的分布特征相近,即劳动生产率和经济关联度高的区域大多分布在沿海发达省份(直辖市或自治区),并向中西部内陆地区递减。这说明劳动生产率和经济关联度对区域经济发展有正向的影响,这与中国的发展实际是相符的。经济发达省份（直辖市或自治区）拥有更雄厚的资金和更优越的科研技术，对周边区域乃至跨省区域都有较强的要素集聚作用，吸引各类生产要素向发达地区集聚，从而提高自身的劳动生产率。经济关联度亦是如此，经济发达省份（直辖市或自治区）对基础设施的高投入、首位城市对周边的辐射带动作用、城镇体系的日趋成熟都对省级行政区内部经济关联度的提高具有积极的促进作用。

从劳动生产率和经济关联度的变化趋势来看，二者的变化趋势较为一致，均呈现上升态势。劳动生产率的全国平均值从 2000 年的 4.786 上升至 2005 年的 5.156 和 2008 年的 5.356，从各省份（直辖市或自治区）的实际情况来看，各省份（直辖市或自治区）劳动生产率均不同程度地得到了提高，提高幅度均在 10% 以上。劳动生产率的全国标准差也呈现逐年下降趋势，说明全国各省份（直辖市或自治区）的劳动生产率差异在逐渐缩小。2000 年，全国劳动生产率的标准差为 0.210，主要差异表现在西部省份（直辖市或自治区）与发达省份（直辖市或自治区）之间的差距较大，到 2005 和 2008 年，标准差分别减少至 0.134 和 0.126，虽然发达省份（直辖市或自治区）的劳动生产率有一定的提升，但中西部省份（直辖市或自治区）的劳动生产率增速更快，增幅更大。这与我国一直贯彻实行的振兴东北、中原崛起及西部大开发等发展政策有密切联系，中部和西部地区经济的快速发展带来了劳动生产率的提升。经济关联度的全国平均值从 2000 年的 2.192 上升到 2005 年的 2.220 和 2008 年的 2.334，变化趋势同样呈现逐渐上升趋势，其原因是随着各省份（直辖市或自治区）经济的快速发展，交通等基础设施的大量投入，中心城市之间的分工与协作逐渐深化，首位城市的辐射带动作用增强等，都大大地提升了省级行政区内城市间的联系强度。与劳动生产率不同的是，各省份（直辖市或自治区）的经济关联度差异却呈现了升高的趋势，标准差从 2000 年的 0.363 上升至 2008 年的 0.414，这可能与各省份（直辖市或自治区）的空间结构有一定关系。在第 3 章我们已经对各省份（直辖市或自治区）的中心度进行了测度，发现中心度的分布规律性不强，即经济发达省份（直辖市或自治区）的空间结构有些呈现多中心特征，有些则依然是单中心模式。我们知道，空间结构对于区域经济运行、生产要素的组织与流动有较大的影响，单中心与多中心的区域内部必然会产生不同的城市联系强度，在这里我们暂不讨论哪种模式更有利于经济关联度的提高，但经济关联度这一指标是否受中心度的影响，我们将在下一章进行量化讨论。

4.3.2 投资产出率的时空演变规律性不强

从投资产出率的三个时间断面变化来看，投资产出率的全国平均值呈现下降趋势，但各省份（直辖市或自治区）变化趋势不同，江西、江苏、重庆、福建等省份（直辖市）的投资产出率降幅最大，从 2000 年高于全国平均值降至 2008 年的低于全国平均值，上海市和宁夏回族自治区则呈现小幅上升的趋势。

从投资产出率的空间分布来看,全国各省份(直辖市或自治区)投资产出率的分布规律性不强,仅 2000 年呈现较为明显地从沿海向中西部内陆递减的趋势,到 2005 年和 2008 年,这种分布规律完全被打乱,原投资产出率较高的江西、江苏、重庆、福建等省份(直辖市)下降至全国平均值以下。下面总结投资产出率变化规律性不强的几点原因。

1. 固定资产投资占全省(直辖市或自治区)GDP 的比重没有固定值

由于全社会固定资产投资占 GDP 的比重没有固定值,个别城市的固定资产投资接近甚至超过地区生产总值。同时,随着财政政策投资扩张力度的减弱和公共投资量的变化不均,市场力成为区域固定资产投资增长的主动力。因此,固定资产投资与 GDP 的比例关系受当地政策导向和市场环境影响较为明显,无明显的规律可循。沿海发达省份(直辖市或自治区)在经济高速发展的同时,根据各自发展实际,所投入固定资产投资量自然各不相同,从而导致投资产出率的变化不均。

2. 各省份(直辖市或自治区)利用外资的环境发生变化

从各时间断面各省份(直辖市或自治区)实际使用外资的数据来看,2000 年,经济相对欠发达省份(直辖市或自治区)的实际使用外资金额非常有限,例如甘肃、宁夏、云南等,利用外资量仅在 1 000 万美元左右,甘肃省更是仅为 326 万美元,而其他各省份(直辖市或自治区)的外资投入量少则几亿美元,多则近百亿美元(如广东、湖北、北京、上海)。但 2005 年和 2008 年,中西部省份(直辖市或自治区)的实际使用外资量大幅提升,云南、重庆等省份(直辖市)的实际使用外资数在 8 年间增长了数十倍甚至数百倍,但发达省份(直辖市或自治区)的增长空间相对狭小,增幅较小,从而导致投资产出率的变化不均。另一方面,由于沿海发达省份(直辖市或自治区)率先享受国家的支持政策,投资环境优越,吸引大量外资进入,随着国家政策的倾斜和转移,中西部省份(直辖市或自治区)和东北地区的投资环境和硬件设施日益完善,加之生产力丰富和成本低廉,较原有发达地区更具投资潜力,从而促使外资向中西部和东北转移,大大促进了中西部地区和东北地区的经济发展速度。

3. 各省份(直辖市或自治区)经济增长动力不同

由于各省份(直辖市或自治区)所处的经济发展阶段存在差异,且所处的发展环境也不同,导致各省份(直辖市或自治区)的经济增长动力不尽相同。沿海发达省份(直辖市或自治区)的制造业投资趋势下降,房地产业投资增速迅猛,第三产业成熟,占 GDP 比重明显上升。内陆省份(直辖市或自治区)在房地产业迅猛发展的同时,接受着来自发达省份(直辖市或自治区)的制造业产业转移,来自二产和三产的双重发展动力,大大地带动了其经济的快速发展,另外如山西省等依托资源发展的省份(直辖市或自治区),其经济发展动力与其他省份(直辖市或自治区)更是不同,虽然经济转型及寻找接续产业和替代产业成为资源型地区的首要任务,但资源对经济发展的贡献依然占据最重要的地位,因此这类地区的投资产出率相对来说比较高。

4.3.3　劳动生产率增速快于经济发展速度

2000 年到 2008 年,全国各省份(直辖市或自治区)辖区劳动生产率的增长速度略快于经济发展速度,前者平均增速为 14.77%,后者平均增速为12.98%,说明自 2000 年以来,中国的经济发展正在逐渐由劳动和资源密集型产业向资金和技术密集型产业转移。长期以来,经济学家们一直倾向于把一国的比较优势与其要素禀赋结构联系起来,也就是说,国家之间的比较优势要通过投入要素的国内供给差异来表现,由于中国劳动力成本较低且资源优势明显,所以一直以来中国的产业发展以劳动和资源密集型产业为主,这也确实快速地推动了中国的经济发展。但自中国 2001 年加入世界贸易组织以来,劳动和资源密集型产业发展模式已经不能适应中国目前的经济发展趋势和世界环境,取而代之的是大力发展资本和技术密集型产业。2011 年《中国产业蓝皮书》指出,中国的劳动与资源密集型产品出口占全球同类产品出口的比例为 34%,尽管劳动与资源密集型产业依然占主导地位,但中国的产业国际竞争力全球位居榜首,其中资本与技术密集型产业的作用非常巨大。

4.4　本 章 小 结

本书所研究的经济效率是指城市化空间结构影响下的区域经济效率的综合衡量,因此在选取指标时,尽量考虑选择能够反映城市化空间结构变化所带来的区域经济效率响应明显的指标,其类似于西方学者所说的"空间结构网络的外部性"或"城市化经济外部性",因为区域城市化空间结构的演变所带来的是城市从城市以外所得收益的变化。近年来,城市经济学和经济地理学在研究城市时,核心观点是临近空间对人和商业都是有利的,因为它考虑了经济行为者间潜在的且有利的相互作用,城市越大,潜在的劳动生产率可能增加的就越多,因为在劳动市场共享、基础设施共享、公共服务设施共享、娱乐设施共享及知识技术外溢等方面的城市化外部性更大。

在讨论城市之间相互作用及集聚经济的过程中,国内外学者提出了"借用规模"和"协同定位"两个概念。借用规模是由 Alonso 于 1973 年首先提出的,他通过这一概念解释了作为特大城市综合体一部分的小城市要比其他同等规模的独立发展型城市的收益高、生产率高。因为独立发展的城市无法得到周边其他城市的有效支持,无法共享资源,从而导致效率的低下。协同定位这一概念可以追溯到 19 世纪马歇尔提出的集聚理论,其核心观点是经济活动的地方集聚能为企业带来一些成本节约收益及劳动生产率的提高,这些收益就来源于协同定位。

集聚经济效益体现在协同定位上主要有以下几个方面:

一是区位经济。由于某种经济活动或者多个企业在协同定位的指导下集中于同一区位而产生的集聚效益,其实质是通过实现经济活动在地理位置上的临近而获得综合经济效益。

二是规模经济。随着区位经济的进一步深化,经济活动规模或者企业规模在一定限制范围内(边际效应)实现扩大而获得边际成本的降低,实现内部的节约,从而提高劳动生产率。

三是外部经济。各类经济活动或者企业在一定区域内集聚,往往能够从外部获得收益或者成本的节约,从而提高自身的生产效率。

这些收益既是经济集聚的成果,又成为促进进一步集聚的诱因。

本章选取了劳动生产率、经济关联度和投资产出率三个指标分别表示区域的经济效率、经济联系和经济潜力三个方面的特征。通过计算所得结果可以看出,劳动生产率和经济关联度在空间分布和时间变化等方面均有较强的规律性,即与经济发展呈现正向的相关性。但投资产出率的分布特征和变化特征较为混乱,主要原因与各地实行的经济发展政策、财政政策,以及投资环境建设等政府行为有较为密切的关系。

第5章 区域空间结构
对经济效率的影响

人类在地球表层的空间活动既包括社会活动也包括经济活动,是人类社会发展和自然界相互作用过程中最经常、最直接、最活跃的因素。人口和经济在空间布局上相互作用、相互依存、互为因果。集聚与扩散是人口和经济在空间分布演变中所呈现出的对立统一过程,但这一过程表现出了较为复杂的特征,一般来说,集聚过程往往伴随着扩散,扩散中又有集聚。同样的,对于一个城市区域,判断其为单中心或是多中心,也是较为困难的,进而也更难判断哪种空间结构形式更有效率,更有利于区域的发展。

目前,我国广泛开展的省域城镇体系规划非常注重空间结构的优化组织,但由于对不同地区空间集聚与扩散、单中心与多中心发展、发展所处阶段的客观规律性认识不足,在空间结构模式选择、国土开发和城乡建设等空间布局方面仍然较为盲目,且存在盲目照搬国外经验的情况,迫切需要深入研究适合我国国情的空间发展模式,对我国快速城市化发展所开展的城乡建设布局,进行合理的规划和调控。

5.1 模 型 设 定

5.1.1 基本假设——结构与效率之间存在某种线性相关

本书借鉴 QSAR(Quantitative Structure Activity Relationships)模型的基本假设,即结构与效应之间存在某种程度的相关,基于此,本书假设区域城市化空间结构与区域经济效率在某种程度上存在线性相关,如图 5 - 1 所示。

5.1.2 基本模型——Cobb - Douglas 生产函数

国内外学者在空间结构与经济效率之间关系的实证研究中,大多使用生产函数集合来探讨城市化外部性的影响。关于生产函数的模型种类较多,包括增长核算法、生产前沿面法和指数法等。为便于与国外相关研究结论进行比较,本书沿用由 Ciccone 和 Hall 提出的模型,即使用 Cobb - Douglas 生产函数来计算空间结构和

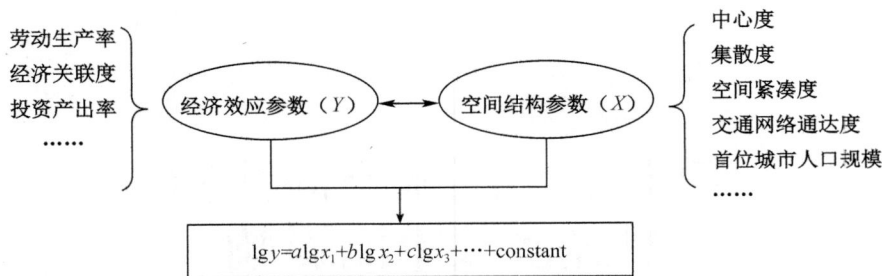

图 5-1　区域城市化空间结构与经济效率的 QSAR 示意图

集聚对经济效率的影响。

首先,根据本书的基本假设,我们认为省级行政区中心度、集散度、空间紧凑度、交通网络通达度、首位城市人口规模会对省级行政区劳动生产率产生影响。基于现实需求和现有理论基础,我们设定基本模型。首先给出生产函数,假设某省的产量为 Q,生产函数为

$$Q = AK^{\kappa}L^{\lambda}H^{\xi} \tag{5-1}$$

其中,K 为生产要素资本,L 为劳动力,H 为人力资本,有效参数 A 反映了省级行政区城市化空间结构(中心度、集散度、空间紧凑度、交通网络通达度、首位城市人口规模),规模报酬①是一个常数($\kappa + \lambda + \xi = 1$)。

5.1.3　实证模型

通过式(5-1)可以求出某省级行政区的劳动生产率,式(5-1)可被改写为

$$\frac{Q}{L} = A\left(\frac{K}{L}\right)^{K}\left(\frac{H}{L}\right)^{\xi} \tag{5-2}$$

在式(5-2)中,每个工人的产量(劳动生产率)是资本与劳动力的比率、人力资本与劳动力的比率及有效参数的函数。对等式两边取对数,这种相乘形式可以被转换成一种线性随机形式,下面给出初始实证模型。

$$\ln\left(\frac{Q}{L}\right) = \ln A + \kappa\ln\left(\frac{K}{L}\right) + \xi\ln\left(\frac{H}{L} + \varepsilon\right) \tag{5-3}$$

其中,人力资本水平由劳动力质量代替。

关于经济关联度和投资产出率的方程拟合,根据本书的基本假设和图5-1,可以认为与各空间结构指标之间具有某种线性相关,为便于比较,采用公式(5-3)作为拟合经济关联度和投资产出率方程的实证模型,虽有一定偏差,但依然能较为客观地验证空间结构与二者是否具有线性相关。

---

① 规模报酬是指在其他条件不变的情况下,企业内部各种生产要素按相同比例变化时所带来的产量变化。

5.2　测度方法与说明

5.2.1　最小二乘法(OLS)基本估计与相关检验

本书采用地理学与经济学研究中常用的普通最小二乘法(OLS)对模型参数进行估计,为判断拟合模型是否具有统计学意义和避免"伪回归"现象,做了如下检验分析。

1. 拟合优度检验

针对实证模型是通过基本模型对数变换后得到的情况,对拟合模型进行了拟合优度检验,判断回归模型的拟合效果。

2. F 值的假设检验和 t 检验

对拟合模型进行 F 值的假设检验,对包括常数项在内的参数进行 t 检验,判断拟合模型是否具有统计学意义。

3. 多重共线性检验

多元线性回归模型为 $y_i = \beta_0 + \beta_1 x_{1i} + \beta_2 x_{2i} + ... + \beta_k x_{ki} + u_i$ 。如果模型的解释变量之间存在着较强的线性相关关系,或者说,存在一组不全为零的常数 λ_1,$\lambda_2, ... , \lambda_k$,使得 $\lambda_1 x_{1i} + \lambda_2 x_{2i} + ... + \lambda_k x_{ki} + v_i = 0$, v_i 是随机误差项,则称模型存在着多重共线性;如果 $v_i = 0$,则称存在完全的多重共线性[①]。如果变量之间存在多重共线性将导致以下结果:增大 OLS 估计的方差;难以区分每个解释变量的独立影响; t 检验的可靠性降低;回归模型缺乏稳定性。因此,有必要对多元线性回归方程进行多重共线性检验。对方程进行多重共线性检验的方法包括相关系数检验、方差膨胀因子检验等。本书采用后者,即方差膨胀因子检测法(Variance Inflation Factor, VIF)来检验模型是否存在多重共线性。判断存在多重共线性的方法为:当 VIF 值小于 5 时,模型不存在较强的多重共线性;当 VIF 值大于 5 甚至大于 10 时,可认定模型存在较强或较严重的多重共线性,利用多重共线性的解决办法,可对导致多重共线性的变量予以剔除。

4. 异方差检验

异方差性是指当计量经济模型的基本假设之一 $D(\mu_i) = \sigma_\mu^2$ 不能成立,即至少有一个 i 使得 $D(\mu_i) = \sigma_i^2 \neq \sigma_\mu^2$,我们就称该模型存在异方差。如果模型存在异方差,可导致以下影响:OLS 估计仍然是无偏估计,但不再是最佳估计量,可能导致估计值无效; t 检验可靠性降低,参数的显著性检验失去意义;增大预测误差,影响分析预测的效果。为了检验回归结果中是否存在异方差,需先求出方程残差项的值,

---

① 完全共线性的情况并不多见,一般出现的是在一定程度上的共线性,即近似共线性。

绝对化处理后,求出其与劳动生产率、经济关联度和投资产出率的 Spearman 相关系数的绝对值,值越大,意味着存在非齐次方差。

5. 自相关性检验

自相关是指不同期的样本值之间存在相关关系,即本期样本值可能会受上一期样本值的影响,考虑模型 $Y_t = \beta_1 + \beta_2 X_{2t} + \cdots + \beta_k X_{kt} + u_t$,如果随机误差项的各期望值之间存在相关关系,即 $Cov(u_t, u_s) = E[u_t - E(u_t)][u_s - E(u_s)] = E(u_t u_s) \neq 0 (t \neq s)$,则称随机误差项之间自相关,又称序列相关。一般自相关主要存在于时间序列数据中,但是在截面数据中,也可能会出现自相关,通常称其为空间自相关。存在自相关的情况,违反了高斯 – 马尔可夫定理①的条件。从高斯 – 马尔可夫定理的证明过程可以看出,只有在同方差和非自相关性的条件下,OLS 估计才具有最小方差性。当模型存在自相关性时,OLS 估计仍然是无偏估计,但不再具有有效性。这与存在异方差性时的情况一样,说明存在其他的参数估计方法,其估计误差小于 OLS 估计的误差。也就是说,对于存在自相关性的模型,应该改用其他方法估计模型中的参数。自相关产生的后果主要包括:(1)自相关不影响 OLS 估计量的线性和无偏性,但会使之失去有效性;(2)自相关的系数估计量将有相当大的方差;(3)自相关系数的 t 检验不显著;(4)计算的 R^2 不能真实地反映实际 R^2;(5)模型的预测功能失效。自相关的检验方法主要包括图示检验法和 DW 检验法,本书采用后者来检验拟合方程中是否存在自相关。DW 检验是 J. Durbin 和 G. S. Watson 于 1951 年提出的一种适用于小样本的检验方法,本书样本数为 27 个,属小样本,适用于该检验法。DW 检验法的核心是计算 DW 统计量 d,通过查询 Durbin – Watson 显著性统计检验临界值表,确定自变量是否存在自相关。当 $d < dl$ 时,自变量存在一阶正自相关;当 $d > (4 - dl)$ 时,存在一阶负自相关;当 $du < d < (4 - du)$ 时,不存在自相关;当 $dl < d < du$ 或 $(4 - du) < d < (4 - dl)$ 时,不能确定是否存在自相关②。

5.2.2　内生性与二阶段最小二乘法(TSLS)

内生性是指模型中的一个或多个解释变量与随机扰动项相关。其模型为 COV $(u_i, X_i) \neq 0$。导致内生性最主要的原因就是解释变量和被解释变量之间相互作用,相互影响,互为因果。

我们使用 OLS 来对模型(5 – 3)进行估算,该方法能解释空间结构和劳动生产

---

① 在统计学中,高斯 – 马尔可夫定理陈述的是:在误差零均值、同方差,且互不相关的线性回归模型中,回归系数的最佳无偏线性估计(BLUE)就是最小方差估计。一般而言,任何回归系数的线性组合的最佳无偏线性估计就是它的最小方差估计。在这个线性回归模型中,误差既不需要假定正态分布,也不需要假定独立(但是需要不相关这个更弱的条件),还不需要假定同分布。高斯 – 马尔可夫定理的条件是:"不相关性"。

② dl 和 du 是杜宾和沃特森根据样本容量与解释变量的数目,在给定显著水平(1%、2.5% 和 5%)下建立的下临界值和上临界值。

率之间的同时性。在这个模式定式下,一般认为空间结构对经济效率有影响,但是,这种关系的因果关系很不清晰。以劳动生产率为例,集聚通常是与劳动市场共享、中间产品的可进入性、知识外溢及接近消费者的优势条件相联系的,进而可以提高生产率。可是,由于高生产率水平的存在,一些公司可能也会被吸引到经济密集区从而产生集聚。也就是说,集聚既可以被认为是劳动生产率提高的原因,也可被认为是劳动生产率提高的结果。因此,空间结构可被认为是劳动生产率提高的结果,而不是原因。并不是同时性导致了相互矛盾的估算结果,而是它违背了 OLS 基本假设之一,也就是自变量与因变量的变化不相关,换句话说,就是自变量不应该受因变量的影响。解决同时性偏差比较普遍的方法是依靠 TSLS 来隔离集聚和空间结构对劳动生产率的影响。为了达到这种效果,我们需要一些与内生自变量相关的变量,而不是与因变量相关的变量。因此,这些变量是相关的,但同时它们又是外生的,这也是工具变量的基本要求。

　　鉴于工具变量的难获取性,我们选取滞后变量和历史变量相结合的方式,针对各个解释变量进行内生性检验①。

　　(1)中心度与首位城市规模的工具变量为相应年份的滞后变量。

　　(2)集散度的工具变量为 1978 年农作物播种面积。我们认为随着农业机械化和农业产业化的逐渐深化,大量剩余劳动力的解放、转移和再就业是区域内人口集聚的主要动力和来源。因此,1978 年农作物播种面积的大小会对 2000 年、2005 年和 2008 年的集散度有潜在的影响,但与各年份的经济效率没有关系。

　　(3)空间紧凑度的工具变量为 1978 年的全社会固定资产投资。我们认为1978 年各省全社会固定资产投资在城市基础设施、交通设施完善、城市建设和发展等方面的基础作用对增强现代城市相互作用、人口密度等方面有积极的贡献。

　　(4)交通网络通达度的工具变量是 1981 年铁路总里程和 1978 年人口数量。二者的多少不能造成现代经济效率的不同,但其对解释各时间断面的交通网络通达度差异是至关重要的。

　　经过检验,上述变量满足作为 TSLS 工具变量的要求,具体详见附表。

---

　　① 美国学者 E. J. Meijers 和 M. J. Burger 在其 2009 年的论文《Urban Spatial Structure and Labor Productivity in U.S. Metropolitan Areas》中对空间结构与劳动生产率进行了内生性分析。他们选取的工具变量为 5 个历史变量,并认为它们与今天的劳动生产率不相关,因为 70～150 年前,生产的组织方式与今天不同,但其大大地促成了今天的大都市规模和空间结构:(1)1950 年大都市人口;(2)1950 年多中心性程度,由规模梯度测算所得;(3)1950 年扩散程度,也就是居住在 25 000 人以上地方以外的都市区人口所占总人口的比例;(4)1880 年大都市区内铁路的存在或缺乏;(5)农业土地使用,由城市地区外部农业劳动力的密度测算所得。1950 年变量的确定与 2006 年变量完全相同,人们认为 1860 年铁路存在与否不能造成现代生产率的不同(Ciccone and Hall,1996),但是其对解释 19 世纪末期的集聚与 20 世纪初其他地方的发展是至关重要的。最后,由于土地竞争加剧,城市地区以外的农业土地利用提高了相应的地租。因此,与那些市区以外土地相对便宜的大都市区相比,上述情况就减慢了城市的扩散发展。农业土地利用是与因变量不相关的,农业部门不包括在都市区劳动生产率的测量中。

5.3 实证结果及共时性分析

本书采用 OLS 和 TSLS 对空间结构指标和经济效率各指标进行方程拟合。

5.3.1 2008 年区域空间结构对经济效率的影响

1. 劳动生产率

2008 年劳动生产率回归结果见表 5 – 1。

表 5 – 1 2008 年劳动生产率回归结果

项目	模型 1 OLS	模型 2 OLS	模型 3 OLS	模型 4 OLS	模型 5 OLS	模型 6 OLS	模型 7 TSLS	VIF（模型 6）
constant	1.917 ** (2.447)	2.716 *** (4.687)	2.444 *** (4.140)	2.844 *** (4.140)	2.152 *** (3.228)	2.324 (3.850)	2.584 (2.674)	—
资本劳动比（C）	0.607 *** (3.452)	0.362 *** (2.550)	0.412 *** (2.876)	0.418 *** (2.587)	0.485 *** (3.069)	0.359 (2.771)	0.410 (0.447)	2.334
劳动力质量（Q）	−0.129 (−0.611)	−0.580 *** (−2.866)	−0.332 ** (−1.826)	−0.483 ** (−2.033)	−0.234 (−1.169)	−0.458 (−2.312)	−0.528 (−1.699)	3.406
中心度（P）	0.145 * (1.263)	—	—	—	—	0.102 (1.076)	0.174 (1.185)	2.011
集散度（D）	—	−0.343 *** (−3.755)	—	—	—	−0.575 (−4.075)	−0.139 (−0.278)	5.784
空间紧凑度（I）	—	—	0.191 *** (3.443)	—	—	0.390 (4.358)	0.305 (1.173)	5.151
交通网络通达度（T）	—	—	—	−0.098 ** (−2.313)	—	0.181 (3.081)	−0.028 (−0.107)	6.351
首位城市规模	—	—	—	—	0.124 ** (2.125)	−0.249 (−3.261)	−0.210 (−1.318)	4.092
R^2	0.490	0.618	0.593	0.500	0.485	0.777	0.589	—
F 值	7.370	15.017	13.642	9.666	9.157	13.913	6.318	—
Sig	0.001	0.000[a]	0.000[a]	0.000[a]	0.000[a]	0.000[a]	0.000[a]	—
DW	1.466	1.710	1.894	1.933	1.733	1.600	—	—

注：括号内为 t 值；数据肩标 * 表示回归系数在 15% 显著性水平下显著，** 表示回归系数在 5% 显著性水平下显著，*** 表示回归系数在 1% 显著性水平下显著；—表示没有结果。

从表 5 - 1 可以看出,集散度、空间紧凑度和交通网络通达度的 VIF 值分别为 5.784,5.151 和 6.351,均大于5,说明这三个变量存在较强的多重共线性。鉴于交通网络通达度的 VIF 值最大,故在模型6和模型7中剔除交通网络通达度这一变量,并对模型6和模型7进行修正,修正后的模型见表 5 - 2。对于 2008 年空间结构变量对经济关联度和投资产出率的方程拟合,可同样剔除交通网络通达度,关于交通网络通达度对经济效率的影响,可参看模型4。

表 5 - 2 剔除网络通达度指标后修正的模型 6 和模型 7

项目	模型 6(修正) OLS	模型 7(修正) TSLS	VIF (模型 6)
constant	2.921 *** (4.283)	2.543 *** (3.293)	—
资本劳动比(C)	0.327 ** (2.121)	0.403 ** (2.338)	2.318
劳动力质量(Q)	− 0.660 *** (− 2.963)	− 0.516 ** (− 2.000)	3.030
中心度(P)	0.062(0.552)	0.166 * (1.170)	1.973
集散度(D)	− 0.355 ** (− 2.443)	− 0.194(− 1.037)	4.297
空间紧凑度(I)	0.209 *** (2.594)	0.319 ** (2.269)	2.922
交通网络通达度(T)	—	—	—
首位城市规模	− 0.182 ** (− 2.081)	− 0.216 * (− 1.847)	3.756
R^2	0.755	0.709	—
F 值	10.283	8.116	—
Sig	0.000[a]	0.000[a]	—
DW	1.848	—	—

注:括号内为 t 值;数据肩标 * 表示回归系数在 15% 显著性水平下显著, * * 表示回归系数在 5% 显著性水平下显著, * * * 表示回归系数在 1% 显著性水平下显著;—表示没有结果。

从表 5 - 2 中可以看出,各空间结构变量的 VIF 值均小于5,说明剔除交通网络通达度后,各变量之间不存在显著的多重共线性。本书还对拟合模型进行了拟合优度检验,判断回归模型的拟合效果,结果表明,除回归模型5之外,其他回归模型的复相关系数 r 均在 1% 的显著性水平下可以通过拟合优度检验。对拟合模型进行 F 值的假设检验,以及包括常数项在内的回归系数的 t 检验,判断拟合模型是否具有统计学意义,结果表明,各多元线性回归模型的 F 值均在 1% 的显著性水平下显著,t 检验的结果见表 5 - 1 和表 5 - 2。

回归模型1、模型2、模型3、模型4和模型5的 DW 检验范围为 1.413~2.587,说明这五个回归模型在 1% 显著水平下排除了序列自相关。修正之后的回归模型

6 的 DW 检验范围为 1.743～2.257,也同样说明其在 1% 显著水平下排除了序列自相关。从表 5-3 可以看出,残差与劳动生产率的斯皮尔曼等级相关系数仅为0.091,绝对值很小,由此可以断定回归结果不存在异方差。

表 5-3   2008 年空间结构与劳动生产率拟合方程的异方差检验

项目			劳动生产率	残差绝对值
斯皮尔曼等级相关系数	劳动生产率	相关系数	1.000	0.091
		Sig. (2-tailed)	—	0.651
		N	27	27
	残差绝对值	相关系数	0.091	1.000
		Sig. (2-tailed)	0.651	—
		N	27	27

注:一表示无结果。

从修正后的回归模型 6 和回归模型 7 可以看出,对于劳动生产率、中心度、集散度和空间紧凑度均存在一定程度的内生性,即自变量和因变量之间存在相互影响。本书通过选取工具变量对自变量进行隔离,消除其受因变量的影响,所得模型 7 的 R^2 值和 F 值均较模型 6 出现了下降,说明我们选取的工具变量还需进一步优化,但修正后的模型 7 依然能够通过各种检验,说明工具变量具有一定的有效性。限于篇幅,本书对后面的各因变量,以及 2000 年和 2005 年的各拟合方程将不赘述以上检验结果,只根据实际情况进行必要的具体说明。

在计算结果方面,我们发现 2008 年的资本劳动比对劳动生产率有正向的和显著的影响,而劳动力质量对劳动生产率有负向的显著影响,这可能与中国目前仍以发展劳动密集型产业和高素质劳动力外流有关。同样,我们所关注的各空间结构指标对劳动生产率的影响也呈现出了不同的结果。

第一,中心度对劳动生产率的影响较为明显,即单中心越强劳动生产率越高,中心度每增加 1%,劳动生产率会提高 0.166%。这与国外一些学者的研究结果是不一致的,但符合中国的发展实际。从第 3 章和第 4 章的研究结果可以看出,各省中心度平均值出现了上升趋势,说明中国各省仍以单中心集聚为主要空间发展模式,而各省劳动生产率近年来又大幅提升,从而支持了目前空间结构越倾向单中心,劳动生产率越高的结论。

第二,从模型 2 和修正后的模型 6 可以看出集散度对劳动生产率有显著的负影响,即空间越集聚,劳动生产率越高,这与国内外大多数学者的研究结论是一致的。在修正后的模型 6 和模型 7 中,集散度对劳动生产率的影响系数变化非常大,说明集散度与劳动生产率存在较为严重的内生性,这一结论符合我们之前的推测,即集聚能够提高劳动生产率。劳动生产率较高的区域更容易吸引集聚,也就是说集聚既可以被认为是劳动生产率提高的原因,也可被认为是劳动生产率提高的结果。在修正后的模型7中,集散度无法通过 t 检验的显著性水平,限于工具变量的难获取性和小样本方程拟合,本书适当对其放宽限制,通过查询 t 分布临界值表,集散度在20%显著水平下显著。

第三,空间紧凑度是本书加入的一个反映区域空间形态的创新变量,结果表明,空间紧凑度确实对劳动生产率有较为显著的影响,空间紧凑度增加1%,劳动生产率提高0.319%。这就意味着,在一个区域内,空间相互联系越频繁,生产要素越集聚,城镇体系发育程度越高,劳动生产率越高。

第四,由于交通网络度在总模型中存在多重共线性,因此在总模型中剔除了该指标。从模型4可以看出,交通网络度对劳动生产率有显著的负影响,即交通网络度越低(表明区域网络通达性越好),劳动生产率越高。

第五,首位城市规模对劳动生产率有较为明显的负影响,即首位城市规模越大,劳动生产率越低。

2.经济关联度

2008 年空间结构与经济关联度回归结果和拟合方程的异方差检验见表 5 - 4 和表 5 - 5。

表 5 - 4　2008 年空间结构与经济关联度回归结果

项目	模型 1 OLS	模型 2 OLS	模型 3 OLS	模型 4 OLS	模型 5 OLS	模型 6 OLS	模型 7 TSLS	VIF (模型 6)
constant	−1.414 (−0.435)	−0.521 (−0.180)	−0.877 (−0.447)	2.075 (0.951)	−2.451 (−0.954)	−2.182 (−0.820)	−2.244 (−0.786)	—
资本劳动比(C)	1.169 * (1.535)	0.755 * (1.064)	0.492 (1.033)	0.351 (0.683)	0.883 * (1.459)	0.766 * (1.273)	0.732 * (1.146)	2.318
劳动力质量(Q)	1.240 * (1.355)	0.275 (o.271)	0.333 (0.550)	−0.978 * (−1.298)	0.861 * (1.122)	0.979 * (1.126)	0.916 (0.959)	3.030
中心度(P)	0.040 (0.079)	—	—	—	—	0.144 (0.328)	0.184 (0.350)	1.973
集散度(D)	—	−0.796 * (−1.743)	—	—	—	0.643 * (1.134)	0.642 (0.927)	4.297
空间紧凑度(I)	—	—	1.047 *** (5.674)	—	—	1.144 *** (3.645)	1.236 ** (2.375)	2.922
交通网络通达度(T)	—	—	—	−0.692 *** (−5.123)	—	—	—	—

表 5 - 4(续)

项目	模型 1 OLS	模型 2 OLS	模型 3 OLS	模型 4 OLS	模型 5 OLS	模型 6 OLS	模型 7 TSLS	VIF (模型6)
首位城市规模	—	—	—	—	0.698 *** (3.129)	0.153 (0.448)	0.143 (0.331)	3.756
R^2	0.111	0.215	0.630	0.585	0.376	0.653	0.603	—
F 值	0.958	2.095	13.028	10.797	4.527	6.272	5.073	—
Sig	0.429	0.129	0.000ᵃ	0.000ᵃ	0.011	0.001	0.0026	—
DW	1.506	1.610	2.451	2.176	1.521	2.380	—	—

注:括号内为 t 值,数据肩标 * 表示回归系数在15%显著性水平下显著, ** 表示回归系数在5%显著性水平下显著 , *** 表示回归系数在1%显著性水平下显著;—表示无结果。

表 5 - 5　2008 年空间结构与经济关联度拟合方程的异方差检验

项目			经济关联度	残差绝对值
斯皮尔曼等级相关系数	经济关联度	相关系数	1.000	0.226
		Sig. (2 - tailed)	—	0.257
		N	27	27
	残差绝对值	相关系数	0.226	1.000
		Sig. (2 - tailed)	0.257	—
		N	27	27

注:—表示无结果。

从表 5 - 4 中的模型 3 和模型 4 可以看出,经济关联度受空间紧凑度和交通网络通达度的影响最为明显,且 R^2 值和 F 值均能通过检验,在 1% 的显著性水平下显著。模型 2 和模型 5 虽然集散度和首位城市规模呈现出对经济关联度有影响,但模型的 R^2 值和 F 值不能通过检验,方程不具统计学意义。由此也可判断,虽然模型 6 能通过各种检验,但实际上空间紧凑度的贡献最大。尝试对 2008 年的空间紧凑度和经济关联度进行相关分析可以看出,空间紧凑度和经济关联度的相关系数达到 0.612,在 1% 水平下显著正相关。

对比模型 6 和模型 7 可以看出,空间结构各指标的系数变化均不大,说明空间结构与经济关联度无明显的内生性。通过模型 7 对模型 6 的进一步修正,可以看出,空间结构指标中仅空间紧凑度对经济关联度的影响能够通过 t 检验,在 5% 显著水平下显著,这一结果也符合模型 1 至模型 5 逐步线性回归的结果。另外,集散度对经济关联度的影响,在 20% 显著水平下显著,也相对有较为明显的关系。

从模型 4 可以看出交通网络通达度对经济关联度也有较为明显的负向影响,

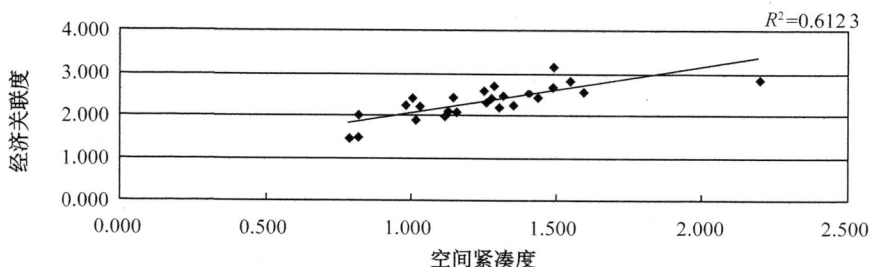

图5－2 2008年空间紧凑度与经济关联度相关分析

交通网络通达度越低(区域交通通达性越好),经济关联度越大。对模型4进一步做二阶段最小二乘法,交通网络通达度对经济关联度的影响系数由模型4的－0.692变为－0.640,说明交通网络通达度与经济关联度也不存在明显的内生性。

3.投资产出率

2008年空间结构与投资产出率回归结果和拟合方程的异方差检验见表5－6和5－7。

表5－6 2008年空间结构与投资产出率回归结果

项目	模型1 OLS	模型2 OLS	模型3 OLS	模型4 OLS	模型5 OLS	模型6 OLS	模型7 TSLS	VIF (模型6)
constant	1.925 ** (2.463)	2.721 *** (4.698)	2.450 *** (4.150)	2.847 *** (4.147)	2.170 *** (3.243)	2.929 *** (4.293)	2.549 *** (3.298)	—
资本劳动比(C)	－0.394 ** (－2.246)	－0.638 *** (－4.495)	－0.588 *** (－4.109)	－0.582 *** (－3.602)	－0.516 *** (－3.271)	－0.674 *** (－4.368)	－0.597 *** (－3.449)	2.318
劳动力质量(Q)	－0.129 (－0.509)	－0.578 *** (－2.854)	－.330 ** (－1.815)	－0.479 ** (－2.020)	－0.233 * (－1.163)	－0.659 *** (－2.954)	－0.514 ** (－1.989)	3.030
中心度(P)	0.144 * (1.259)	—	—	—	—	0.062 (0.548)	0.166 * (1.168)	1.973
集散度(D)	—	－0.342 *** (－3.741)	—	—	—	－0.355 ** (－2.442)	－0.193 * (－1.031)	4.297
空间紧凑度(I)	—	—	0.190 *** (3.422)	—	—	0.208 *** (2.581)	0.320 ** (2.266)	2.922
交通网络通达度(T)	—	—	—	－0.098 ** (－2.296)	—	—	—	—
首位城市规模	—	—	—	—	0.123 ** (2.111)	－0.182 ** (－2.083)	－0.217 ** (－1.850)	3.756
R^2	0.227	0.486	0.452	0.328	0.308	0.670	0.600	—

表5-6(续)

项目	模型1 OLS	模型2 OLS	模型3 OLS	模型4 OLS	模型5 OLS	模型6 OLS	模型7 TSLS	VIF（模型6）
F值	3.544	9.203	8.162	5.226	4.853	6.774	5.004	—
Sig	0.030	0.000[a]	0.001	0.007	0.009	0.000[a]	0.0028	—
DW	1.466	1.715	1.895	1.933	1.734	1.853	—	—

注：括号内为t值，数据肩标＊表示回归系数在15%显著性水平下显著，＊＊表示回归系数在5%显著性水平下显著，＊＊＊表示回归系数在1%显著性水平下显著；—表示无结果。

表5-7　2008年空间结构与投资产出率拟合方程的异方差检验

项目			经济关联度	残差绝对值
斯皮尔曼等级相关系数	投资产出率	相关系数	1.000	0.001
		Sig. (2-tailed)	—	0.998
		N	27	27
	残差绝对值	相关系数	0.001	1.000
		Sig. (2-tailed)	0.998	—
		N	27	27

注：—表示无结果。

从表5-6中可以看出，模型6和模型7的拟合方程均能通过R^2值、F值检验和DW检验，而且模型7中各空间结构指标均对投资产出率有较为明显的影响。从系数变化来看，除首位城市规模外，各空间结构指标对投资产出率的影响系数发生了较大的变化，说明各空间结构指标与投资产出率有较为明显的内生性。对模型4进行二阶段最小二乘法方程拟合，网络通达度的影响系数由-0.098变为-0.139，变化也较大，说明存在一定的内生性。

中心度和空间紧凑度对投资产出率有正向的显著影响，单中心性越强、空间紧凑度越高，投资产出率越大；集散度、首位城市规模和网络通达度对投资产出率有负向的显著影响，区域越集聚、交通通达性越好、首位城市规模越小，区域投资产出率越高。

5.3.2　2005年区域空间结构对经济效率的影响

1. 劳动生产率

2005年空间结构与劳动生产率回归结果和拟合方程的异方差检验见表5-8和表5-9。

表 5 - 8　2005 年空间结构与劳动生产率回归结果

项目	模型 1 OLS	模型 2 OLS	模型 3 OLS	模型 4 OLS	模型 5 OLS	模型 6 OLS	模型 7 TSLS	VIF（模型 6）
constant	0.851 * (1.453)	1.126 ** (2.027)	1.407 ** (2.451)	1.485 *** (2.720)	1.084 ** (1.869)	1.123 ** (2.044)	2.080 * (1.543)	—
资本劳动比（C）	0.839 *** (7.894)	0.744 *** (7.120)	0.687 *** (5.909)	0.747 *** (7.250)	0.723 *** (6.552)	0.719 *** (6.818)	0.462 * (1.522)	1.266
劳动力质量（Q）	- 0.030 ** (- 2.212)	- 0.309 ** (- 1.737)	- 0.127 (- 0.824)	- 0.106 (- 0.747)	- 0.126 (- 0.827)	- 0.191 * (- 1.106)	- 0.592 (- 1.048)	1.878
中心度（P）	0.219 *** (2.607)	—	—	—	—	0.157 * (1.695)	- 0.297 (- 0.667)	1.761
集散度（D）	—	- 0.242 *** (- 2.707)	—	—	—	- 0.010 (- 0.070)	- 0.315 (- 0.619)	4.582
空间凑度（I）	—	—	0.155 ** (2.219)	—	—	0.138 * (1.592)	0.361 * (1.219)	2.591
交通网络通达度（T）	—	—	—	- 0.016 *** (- 2.837)	—	- 0.009 * (- 1.269)	- 0.004 (- 0.168)	2.235
首位城市规模	—	—	—	—	0.131 ** (2.302)	- 0.008 (- 0.094)	- 0.085 (- 0.329)	3.732
R^2	0.700	0.706	0.680	0.713	0.685	0.757	0.546	—
F 值	21.268	21.784	19.450	22.484	19.812	12.549	3.268	—
Sig	0.000[a]	0.000[a]	0.000[a]	0.000[a]	0.000[a]	0.000[a]	0.018	—
DW	1.784	2.140	2.191	2.122	2.019	2.376	—	—

注：括号内为 t 值，数据肩标 * 表示回归系数在 15% 显著性水平下显著，** 表示回归系数在 5% 显著性水平下显著，*** 表示回归系数在 1% 显著性水平下显著；—表示无结果。

表 5 - 9　2005 年空间结构与劳动生产率拟合方程的异方差检验

项目			经济关联度	残差绝对值
斯皮尔曼等级相关系数	劳动生产率	相关系数	1.000	- 0.342
		Sig.（2 - tailed）	—	0.081
		N	27	27
	残差绝对值	相关系数	- 0.342	1.000
		Sig.（2 - tailed）	0.081	—
		N	27	27

注：—表示无结果。

从表5-8可以看出,2005年各空间结构变量的VIF值均小于5,各变量之间不存在显著的多重共线性。对模型1至模型7进行拟合优度检验可以看出,模型1至模型7的复相关系数R^2、F值均在1%的显著性水平下可以通过拟合优度检验,说明各方程的拟合效果优,且具有统计学意义。但从各指标的t检验可以发现模型1至模型5的空间结构指标对劳动生产率的影响系数均能通过检验,模型6中各空间结构指标回归系数的置信度已经出现明显下降,模型7中除空间紧凑度外,其他空间结构指标的回归系数均已不显著。出现上述情况的原因可能有以下三点:一是,从DW检验来看,回归模型1、模型2、模型3、模型4和模型5的DW检验范围均在1.413~2.587,说明这五个回归模型在1%显著水平下排除了序列自相关。模型6的DW值为2.376,不介于1.867到2.133之间,根据DW检验的原理,当$(4-du)<d<(4-dl)$时,不能确定各自变量是否存在自相关,由此也导致了自相关系数的t检验不显著以及计算的R^2不能真实地反映实际R^2值,进而出现了二阶段最小二乘法模型7的不准确。二是,从模型1至模型6拟合方程可以看出,2005年,资本劳动比对劳动生产率的影响非常显著,对二者直接进行相关分析,发现二者的相关系数达到了0.656,由此可见,当模型6对各空间结构指标进行综合拟合时,各指标对劳动生产率的影响系数受资本劳动比的影响均出现了下降。三是,从表5-9的异方差检验来看,劳动生产率与方程残差项绝对值的相关系数为-0.342,相关系数较大可能会导致OLS估计值无效及t检验可靠性降低。

由于本书并未找到如何解决方程存在异方差的有效办法,因此以各变量的单一回归方程对空间结构各指标对劳动生产率的影响进行讨论。

从表5-10中可以看出,各空间结构指标与劳动生产率的拟合方程复相关系数R^2以及F值均在1%水平下显著,但中心度、集散度和交通网络通达度对劳动生产率的影响作用不明显,只有空间紧凑度和首位城市规模对劳动生产率呈正向显著影响特征。另外对比各空间结构指标的OLS系数和TSLS系数可以看出,除首位城市规模和交通网络通达度以外,各指标与劳动生产率均存在较为明显的内生性。

表5-10 2005年各空间结构指标与劳动生产率单一回归结果(TSLS)

项目	回归系数	R^2	F值	Sig
中心度	0.056(0.314)	0.681	16.371	0.000[a]
集散度	-0.045(-0.315)	0.676	16.023	0.000[a]
空间紧凑度	0.294***(2.711)	0.697	17.644	0.000[a]
交通网络通达度	0.004(0.318)	0.622	12.634	0.000[a]
首位城市规模	0.130**(2.161)	0.719	19.601	0.000[a]

注:括号内为t值,数据肩标*表示回归系数在15%显著性水平下显著,**表示回归系数在5%显著性水平下显著,***表示回归系数在1%显著性水平下显著。

2. 经济关联度

2005 年空间结构与经济关联度回归结果和拟合方程的异方差检验见表 5 – 11 和表 5 – 12 所示。

表 5 – 11　2005 年空间结构与经济关联度回归结果

项目	模型 1 OLS	模型 2 OLS	模型 3 OLS	模型 4 OLS	模型 5 OLS	模型 6 OLS	模型 7 TSLS	VIF（模型 6）
constant	− 1. 787（− 0. 608）	− 2. 280（− 0. 868）	− 1. 010（− 0. 612）	− 1. 324（− 0. 483）	− 3. 015*（− 1. 270）	− 1. 010（− 0. 513）	− 3. 243（− 0. 972）	—
资本劳动比（C）	1. 375***（2. 575）	1. 219**（2. 468）	0. 525*（1. 569）	1. 284*（1. 790）	1. 005**（2. 225）	0. 496*（1. 312）	1. 046*（1. 393）	1. 266
劳动力质量（Q）	1. 437**（2. 036）	0. 471（0. 561）	0. 447（1. 006）	1. 272**（1. 790）	0. 791*（1. 265）	0. 402（0. 649）	0. 937（0. 671）	1. 878
中心度（P）	0. 090（0. 212）	—	—	—	—	− 0. 062（− 0. 175）	0. 990（0. 899）	1. 761
集散度（D）	—	− 0. 788**（− 1. 856）	—	—	—	0. 042（0. 087）	0. 260（0. 207）	4. 582
空间紧凑度（I）	—	—	1. 317***（6. 542）	—	—	1. 211***（3. 890）	0. 914*（1. 248）	2. 591
交通网络通达度（T）	—	—	—	− 0. 028（− 1. 016）	—	− 0. 012（− 0. 455）	− 0. 001（− 0. 013）	2. 235
首位城市规模	—	—	—	—	0. 737***（3. 155）	0. 124（0. 387）	0. 045（0. 071）	3. 732
R^2	0. 218	0. 320	0. 726	0. 251	0. 453	0. 763	0. 676	—
F 值	3. 422	5. 075	23. 994	3. 897	8. 190	8. 759	8. 759	—
Sig	0. 034	0. 008	0. 000a	0. 022	0. 001	0. 000a	0. 000a	—
DW	1. 915	2. 017	2. 498	1. 966	1. 924	2. 535	—	—

注:括号内为 t 值,数据肩标 * 表示回归系数在 15% 显著性水平下显著, ** 表示回归系数在 5% 显著性水平下显著 , *** 表示回归系数在 1% 显著性水平下显著;—表示无结果。

表 5 - 12 2005 年空间结构与经济关联度拟合方程的异方差检验

项目			经济关联度	残差绝对值
斯皮尔曼等级相关系数	经济关联度	相关系数	1.000	- 0.025
		Sig.(2 - tailed)	—	0.901
		N	27	27
	残差绝对值	相关系数	- 0.025	1.000
		Sig.(2 - tailed)	0.901	—
		N	27	27

注:—表示无结果。

从表 5 - 11 可以看出,从模型 1 至模型 5 只有空间紧凑度和首位城市规模的拟合方程具有统计学意义,复相关系数 R^2 以及 F 值均在 1% 水平下显著,且能通过 DW 检验。模型 6 的复相关系数 R^2 及 F 值虽然也均在 1% 水平下显著,但由于 DW 值为 2.535,因此无法判断变量之间是否存在自相关,因此拟合方程的可信度降低。从计算结果来看,2005 年空间紧凑度对省级行政区内的经济关联度的影响最为显著,即空间紧凑度越高,省级行政区内各城市之间的经济联系程度越密切。通过对模型 3 进行 TSLS 计算,发现影响系数为 1.209,较 1.317 变化不大,说明空间紧凑度与经济关联度不存在内生性;其次,首位城市规模也对经济关联度有一定的影响,TSLS 计算后的影响系数为 0.711,即首位城市规模越大,经济关联度越高。

3. 投资产出率

2005 年空间结构与投资产出率回归结果和拟合方程的异方差检验见表 5 - 13 和表 5 - 14 所示。

表 5 - 13 2005 年空间结构与投资产出率回归结果

项目	模型 1 OLS	模型 2 OLS	模型 3 OLS	模型 4 OLS	模型 5 OLS	模型 6 OLS	模型 7 TSLS	VIF (模型 6)
constant	0.894 * (1.548)	1.167 ** (2.117)	1.437 *** (2.529)	1.514 *** (2.797)	1.126 ** (1.962)	1.158 ** (2.109)	2.130 * (1.567)	—
资本劳动比(C)	- 0.170 * (- 1.624)	- 0.263 *** (- 2.540)	- 0.317 *** (- 2.756)	- 0.261 *** (- 2.552)	- 0.284 ** (- 2.599)	- 0.286 *** (- 2.709)	- 0.546 ** (- 1.785)	1.266
劳动力质量(Q)	- 0.032 (- 0.232)	- 0.300 * (- 1.700)	- 0.125 (- 0.819)	- 0.105 (- 0.750)	- 0.125 (- 0.827)	- 0.184 (- 1.065)	- 0.587 (- 1.032)	1.878
中心度(P)	0.215 *** (2.590)	—	—	—	0.165 * (1.681)	- 0.305 (- 0.680)		1.761

表 5 – 13(续)

项目	模型 1 OLS	模型 2 OLS	模型 3 OLS	模型 4 OLS	模型 5 OLS	模型 6 OLS	模型 7 TSLS	VIF (模型 6)
集散度 (D)	—	− 0.232 *** (− 2.522)	—	—	—	− 0.006 (− 0.041)	− 0.312 (− 0.609)	4.582
空间紧凑度(I)	—	—	0.149 ** (2.152)	—	—	0.133 * (1.538)	0.358 * (1.199)	2.591
交通网络通达度(T)	—	—	—	− 0.015 *** (− 2.768)	—	− 0.009 * (− 1.234)	− 0.003 (− 0.158)	2.235
首位城市规模	—	—	—	—	0.127 ** (2.248)	− 0.008 (− 0.090)	− 0.085 (− 0.324)	3.732
R^2	0.245	0.249	0.188	0.269	0.201	0.371	0.221	—
F 值	3.815	3.879	3.011	4.182	3.175	3.189	0.774	—
Sig	0.024	0.022	0.051	0.000ᵃ	0.043	0.021	0.617	—
DW	1.809	2.155	2.199	2.137	2.041	2.375	—	—

注:括号内为 t 值,数据肩标 * 表示回归系数在 15% 显著性水平下显著, ** 表示回归系数在 5% 显著性水平下显著 , *** 表示回归系数在 1% 显著性水平下显著;—表示无结果。

表 5 – 14　2005 年空间结构与投资产出率拟合方程的异方差检验

项目			经济关联度	残差绝对值
斯皮尔曼等级相关系数	投资产出率	相关系数	1.000	0.039
		Sig. (2 – tailed)	—	0.845
		N	27	27
	残差绝对值	相关系数	0.039	1.000
		Sig. (2 – tailed)	0.845	—
		N	27	27

注:—表示无结果。

　　从表 5 – 13 中可以看出,各模型的拟合结果均不理想,模型 1 至模型 5 的 R^2 值都非常低,说明各空间结构指标与投资产出率的关系不大。模型 6 的 R^2 和 F 值虽然勉强能通过检验,但 DW 值为 2.375,大于 $4 - du$,无法判断变量间是否存在自相关,因此缺乏可靠性,模型 7 的拟合效果同样不好。因此,该计算结果表明,2005 年空间结构对投资产出率无显著影响。

5.3.3 2000 年区域城市化空间结构对经济效率的影响

1. 劳动生产率

2000 年空间结构与劳动生产率回归结果和拟合方程的异方差检验见表 5 - 15 和表 5 - 16 所示。

表 5 - 15　2000 年空间结构与劳动生产率回归结果

项目	模型 1 OLS	模型 2 OLS	模型 3 OLS	模型 4 OLS	模型 5 OLS	模型 6 OLS	模型 7 TSLS	VIF（模型 6）
constant	1.570 ** (1.756)	1.566 ** (1.758)	1.571 ** (1.812)	1.522 * (1.719)	0.842 (1.011)	0.641 (0.777)	0.391 (0.308)	—
资本劳动比（C）	0.854 *** (4.859)	0.854 *** (4.858)	0.820 *** (4.703)	0.863 *** (4.923)	0.828 *** (5.322)	0.790 *** (5.056)	0.715 *** (2.515)	1.152
劳动力质量（Q）	0.190 * (1.348)	0.198 * (1.203)	0.192 * (1.399)	0.215 * (1.468)	0.070 (0.528)	0.120 (0.791)	0.146 (0.438)	1.725
中心度（P）	- 0.015 (- 0.093)	—	—	—	—	- 0.161 (- 0.931)	- 0.191 (- 0.307)	1.550
集散度（D）	—	0.015 (0.086)	—	—	—	0.297 * (1.242)	1.027 (0.507)	3.546
空间紧凑度（I）	—	—	0.120 * (1.078)	—	—	0.055 (0.640)	- 0.025 (- 0.083)	1.092
交通网络通达度（T）	—	—	—	0.004 (0.571)	—	- 0.351 (- 0.003)	- 0.035 (- 0.426)	1.713
首位城市规模	—	—	—	—	0.233 * (2.553)	0.378 *** (3.168)	0.648 (1.013)	2.114
R^2	0.529	0.529	0.552	0.536	0.633	0.650	0.595	—
F 值	10.752	10.751	11.676	11.006	15.964	7.896	3.979	—
Sig	0.000[a]	0.000[a]	0.000[a]	0.000[a]	0.000[a]	0.000[a]	0.008	—
DW	1.555	1.562	1.669	1.541	1.571	1.287	—	—

注:括号内为 t 值,数据肩标 * 表示回归系数在 15% 显著性水平下显著, * * 表示回归系数在 5% 显著性水平下显著, * * * 表示回归系数在 1% 显著性水平下显著;一表示无结果。

表 5 - 16　2000 年空间结构与劳动生产率拟合方程的异方差检验

项目		经济关联度	残差绝对值
斯皮尔曼等级相关系数	劳动生产率 相关系数	1.000	- 0.101
	Sig. (2 - tailed)	—	0.615
	N	27	27
	残差绝对值 相关系数	- 0.101	1.000
	Sig. (2 - tailed)	0.615	—
	N	27	27

注:—表示无结果。

从表 5 - 15 中可以看出,2000 年各空间结构变量的 VIF 值均小于 5,各变量之间不存在显著的多重共线性。对模型 1 至模型 7 进行拟合优度检验可以看出,模型 1 至模型 7 的复相关系数 R^2、F 值均在 1% 的显著性水平下可以通过拟合优度检验,说明各方程的拟合效果优,且具有统计学意义。但对各指标的 t 检验可以发现问题,模型 1 至模型 5 中,只有空间紧凑度和首位城市规模能够通过 t 检验,模型 6 中只有集散度和首位城市规模能够通过 t 检验,而模型 7 中所有变量均不能通过 t 检验,只有首位城市规模在 20% 置信度下显著。

从 DW 检验来看,模型 1 至模型 5 的 DW 值能够通过检验,但模型 6 的 DW 值小于 du,我们无法判断模型 6 中变量间是否存在自相关,因此拟合方程的可信度降低。

鉴于以上问题,我们再以各变量的单一回归方程对空间结构各指标对劳动生产率的影响进行计算,结果见表 5 - 17

表 5 - 17　2000 年各空间结构指标与劳动生产率单一回归结果(TSLS)

项目	回归系数	R^2	F 值	Sig
中心度	0.732 * (1.620)	0.675	6.425	0.0025
集散度	0.238(1.003)	0.758	10.362	0.000[a]
空间紧凑度	0.247 * (1.564)	0.775	11.504	0.000[a]
交通网络通达度	0.023 * (1.543)	0.740	9.316	0.000[a]
首位城市规模	0.239 *** (2.578)	0.822	16.003	0.000[a]

注:括号内为 t 值,数据肩标 * 表示回归系数在 15% 显著性水平下显著,* * 表示回归系数在 5% 显著性水平下显著 ,* * * 表示回归系数在 1% 显著性水平下显著。

从表 5 - 17 中可以看出,各空间结构指标与劳动生产率的拟合方程复相关系数 R^2 以及 F 值均在 1% 水平下显著,除集散度外,各空间结构指标对劳动生产率的影响均较为明显,而集散度在20%置信水平下也能通过检验。从计算结果来看,各指标对劳动生产率均呈现正向相关影响,其中中心度和首位城市规模对劳动生产率的影响最为显著,即区域越趋向单中心、首位城市规模越大,劳动生产率越高。另外对比各空间结构指标的OLS系数和TSLS系数可以看出,除首位城市规模以外,各指标与劳动生产率均存在较为明显的内生性。

2.经济关联度

2000年空间结构与经济关联度回归结果和拟合方程的异方差检验见表5-18和表5-19所示。

表5-18 2000年空间结构与经济关联度回归结果

项目	模型1 OLS	模型2 OLS	模型3 OLS	模型4 OLS	模型5 OLS	模型6 OLS	模型7 TSLS	VIF (模型6)
constant	0.440 (0.217)	0.382 (0.197)	0.662 (0.360)	0.532 (0.262)	-0.561 (-0.275)	-0.046 (-0.025)	-1.185 (-0.189)	—
资本劳动比(C)	0.659* (1.651)	0.667** (1.744)	0.511* (1.383)	0.684* (1.698)	0.622* (1.632)	0.560* (1.606)	0.144 (0.102)	1.152
劳动力质量(Q)	0.587** (1.838)	0.283 (0.794)	0.590** (2.022)	0.633** (1.883)	0.384* (1.179)	0.180 (0.528)	0.032 (0.019)	1.725
中心度(P)	0.277 (0.757)	—	—	—	—	-0.170 (-0.441)	-1.199 (-0.389)	1.550
集散度(D)	—	-0.612* (-1.621)	—	—	—	-1.099** (-2.059)	2.960 (0.296)	3.546
空间紧凑度(I)	—	—	0.545** (2.304)	—	—	0.579** (2.562)	-0.150 (-0.099)	1.092
交通网络通达度(T)	—	—	—	0.009 (0.531)	—	0.027* (1.495)	-0.183 (-0.450)	1.713
首位城市规模	—	—	—	—	0.381* (1.706)	0.051 (0.192)	1.733 (0.548)	2.114
R^2	0.287	0.344	0.406	0.278	0.351	0.575	0.120	—
F值	3.084	4.022	5.243	2.951	4.150	3.675	0.370	—
Sig	0.047	0.019	0.007	0.054	0.017	0.011	0.908	—
DW	2.272	2.328	2.291	2.188	2.263	2.524	—	—

注:括号内为t值,数据肩标*表示回归系数在15%显著性水平下显著,**表示回归系数在5%显著性水平下显著,***表示回归系数在1%显著性水平下显著;—表示无结果。

表 5 - 19　2000 年空间结构与经济关联度拟合方程的异方差检验

项目			经济关联度	残差绝对值
斯皮尔曼等级相关系数	经济关联度	相关系数	1.000	-0.211
		Sig. (2 - tailed)	—	0.290
		N	27	27
	残差绝对值	相关系数	-0.211	1.000
		Sig. (2 - tailed)	0.290	—
		N	27	27

注:—表示无结果。

从表 5 - 18 中可以看出,仅模型 3 和模型 6 的拟合优度较好,其他模型均不能通过相关检验。模型 6 的 DW 值为 2.524,大于 $4 - du$,因此不能判断变量间是否存在自相关,故模型缺乏可信度,只能对模型 1 至模型 5 再进行 TSLS 计算。结果表明,只有空间紧凑度指标能通过各类检验,影响系数为 0.384,在 15% 的置信水平下显著。同时,从系数变化来看,空间紧凑度和经济关联度存在一定程度的内生性。

3. 投资产出率

2000 年空间结构与投资产出率回归结果和拟合方程的异方差检验见表 5 - 20 和表 5 - 21 所示。

表 5 - 20　2000 年空间结构与投资产出率回归结果

项目	模型 1 OLS	模型 2 OLS	模型 3 OLS	模型 4 OLS	模型 5 OLS	模型 6 OLS	模型 7 TSLS	VIF (模型 6)
constant	1.026 (1.032)	1.052* (1.163)	0.937* (1.137)	0.760 (0.814)	0.837 (0.780)	0.571 (0.701)	0.028 (0.011)	—
资本劳动比(C)	-0.117 (-0.596)	-0.122 (-0.678)	-0.223* (-1.343)	-0.087 (-0.472)	-0.123 (-0.615)	-0.215* (-1.400)	-0.399 (-0.698)	1.152
劳动力质量(Q)	-0.103 (-0.659)	0.101 (0.600)	-0.093 (-0.710)	-0.007 (-0.043)	-0.110 (-0.643)	0.046 (0.306)	0.066 (0.099)	1.725
中心度 (P)	-0.189 (-1.055)	—	—	—	—	-0.063 (-0.371)	-0.359 (-0.287)	1.550
集散度 (D)	—	0.411** (2.308)	—	—	—	0.425* (1.800)	2.251 (0.553)	3.546

表 5 - 20（续）

项目	模型 1 OLS	模型 2 OLS	模型 3 OLS	模型 4 OLS	模型 5 OLS	模型 6 OLS	模型 7 TSLS	VIF （模型 6）
空间紧凑度（I）	—	—	0.362 ** (3.407)	—	—	0.299 *** (2.987)	0.035 (0.057)	1.092
交通网络通达度（T）	—	—	—	0.016 ** (2.020)	—	0.004 (0.505)	−0.081 (−0.489)	1.713
首位城市规模	—	—	—	—	0.022 (0.191)	0.170 * (1.446)	0.876 (0.682)	2.114
R^2	0.088	0.224	0.365	0.188	0.046	0.557	0.139	—
F 值	0.742	2.212	4.403	1.777	0.367	3.418	0.437	—
Sig	0.538	0.114	0.014	1.180	0.778	0.015	0.866	—
DW	0.987	0.984	1.259	1.118	1.006	1.136	—	—

注：括号内为 t 值，数据肩标 * 表示回归系数在 10% 显著性水平下显著，* * 表示回归系数在 5% 显著性水平下显著，* * * 表示回归系数在 1% 显著性水平下显著；—表示无结果。

表 5 - 21　2000 年空间结构与投资产出率拟合方程的异方差检验

项目		经济关联度	残差绝对值
斯皮尔曼等级相关系数	投资产出率 相关系数	1.000	0.046
	Sig.（2 - tailed）	—	0.818
	N	27	27
	残差绝对值 相关系数	0.046	1.000
	Sig.（2 - tailed）	0.818	—
	N	27	27

注：—表示无结果。

　　从表 5 - 20 中可以看出，除模型 6 之外，其他模型均不具有统计学意义，拟合优度较差。模型 6 的 DW 值为 1.136，小于 du，因此无法判断变量之间是否存在自相关，模型可靠性降低。通过对模型 1 至模型 5 进行 TSLS 计算，结果表明，2000 年空间结构指标对投资产出率的影响微乎其微。

5.4　区域空间结构对经济效率的历时性影响

　　从上一节的计算结果可以看出，各个时间断面空间结构指标对经济效率的影响和作用是不同的。本节将从历时性的角度探讨空间结构指标对经济效率的影响路径和变化特征。

5.4.1　对劳动生产率的历时性影响

不同时间断面空间结构各指标对劳动生产率的影响见表 5 - 22。从表 5 - 22 中可以看出,在不同时间断面,空间结构指标对劳动生产率的影响关系是不同的。

表 5 - 22　不同时间断面空间结构各指标对劳动生产率的影响

项目	2000 年	2005 年	2008 年
中心度	0.732	—	0.166
集散度	0.238	—	− 0.194
空间紧凑度	0.247	0.294	0.319
交通网络通达度	0.023	—	− 0.140
首位城市规模	0.239	0.130	− 0.216

注:表中数值为各空间结构指标对经济效率的影响系数,至少在 20% 显著水平下显著,—为不显著,下划线表示该自变量与因变量间存在内生性。

1. 单中心性对劳动生产率的促进作用在减弱

对于一般的空间发育过程,区域空间结构应由增长极的极化发展逐渐向多中心的点轴及网络化转变。因此,我们认为,随着我国经济的快速发展,各省级行政区城市化空间结构应该逐渐向多中心转变,但第 3 章的计算结果表明,各省仍以单中心集聚为主要空间发展模式。从中心度对劳动生产率的影响来看,也确实体现出单中心性越强,劳动生产率越高的计算结果,这似乎与空间发育规律和经济发展规律相悖。但从中心度对劳动生产率影响演变路径可以看出,单中心性对于劳动生产率提高的促进作用在逐渐地降低,影响系数由 2000 年的 0.732 减少到 2008 年的 0.166,也就是说 2000 年,单中心性每增加 1%,劳动生产率增加 0.732%,到 2008 年,单中心性每增加 1%,劳动生产率则只能增加 0.166%。目前单中心在我国各省的空间组织结构中仍然有效率,但这种效率在逐渐弱化。另外,从劳动生产率的全国分布来看,劳动生产率较高的省份(自治区),中心度也相对较低,如内蒙古自治区、江苏、山东、浙江、辽宁等已经逐渐呈现多中心的空间结构模式。由此也可判断,中国各省份(自治区)的空间发育和经济发展仍然符合一般规律。

2. 集散度和交通网络通达度对劳动生产率的影响出现转变

2000 年,集散度和交通网络通达度对劳动生产率的影响是正向的,即区域越分散、交通通达性越差,劳动生产率越低,这显然与现实发展实际是不相符的。这可能与当时中国各省份(自治区)以发展首位城市为主的空间态势有关,首位城市在全省（自治区）处于领袖地位，大量人力、资金、技术流向首位城市，加之政策的倾斜，促使首位城市在全省（自治区）的经济发展中具有举足轻重的作用，这在首位城市对劳动生产率的影响有显著的正向相关中有所体现。2008年，集散度和交通网络通达度对劳动生产率的影响呈现显著的负相关，即区域越集聚、交通通达性越好，劳动生产率越高，这一结论不仅与国外相关研究结论相一致，而且也符合中国目前的发展实际。

3. 空间紧凑度对劳动生产率的影响在逐渐强化

空间紧凑度对劳动生产率的影响规律性较强，并且呈现逐渐提高的趋势，由2000年的0.247提高的2005年和2008年的0.294和0.319，即2000年区域空间紧凑度每增加1%，劳动生产率增加0.247%，2008年区域空间紧凑度每增加1%，劳动生产率则增加0.319%。因此，在各省份（自治区）的空间发展过程中，应着力提升区域空间紧凑度，增强省级行政区内城市间的相互联系，促进生产要素向中心城市集聚，不断完善区域城镇体系，提高各城市的经济外部性。

4. 首位城市规模对劳动生产率的影响在逐渐弱化。

2000年，首位城市规模对劳动生产率的影响系数为0.239，即首位城市规模每增加1%，劳动生产率增加0.239%。2005年，影响系数为0.130，减少了近一半，这一结果是符合我国各省份（自治区）发展实际的。2000年，我国各省份（自治区）仍以非均衡发展为主要发展战略，单中心集聚尤为明显，首位城市（多为省会城市）聚集了全省（自治区）最多、最优的资金、技术和人才等生产要素，生产效率自然最高，对全省（自治区）的贡献也最大，但随着经济的快速发展，各省份（自治区）首位城市逐渐从空间剥夺的集聚发展状态向辐射周边的扩散状态转变，加之省内（自治区）各节点城市经济联系的日益紧密，各节点城市逐渐发展成为增长极，成为新的集聚中心，这就弱化了首位城市在全省（自治区）经济发展中的作用，进而降低了其对全省（自治区）平均劳动生产率的贡献度。2008年，首位城市规模对劳动生产率的影响变为负值，即首位城市规模越小，劳动生产率越高，这一结果虽然不能说明我国各省份（自治区）首位城市规模已经增长到超过边际效应的程度，但也客观地反映了现实。

（1）出现首位城市非省会城市。2000年，全国绝大部分的省份（自治区），首位城市就是省会城市。2008年，福建、内蒙古自治区、河北等省份（自治区）的省会城市均已不是首位城市。另外，全国各省份（自治区）第二位城市与首位城市的差距在缩小，以上人口分布的空间变化，直接导致了首位城市在全省经济发展的作用弱化。

（2）大城市病导致效率降低。城市规模的迅速扩大是导致城市病的根源，随之产生的诸如基础设施建设滞后于经济发展速度、土地供需紧张等问题均在一定程度上阻碍了社会劳动生产率的提高。

（3）承载力超负荷促使产业向外转移。城市承载力的大小决定于该城市的资源结构、人口结构、经济结构及运行结构等因素,随着人口和经济不断向城市集聚,当城市处于超载时,人口和产业就会出现扩散和向外转移。

5.4.2　对经济关联度的历时性影响

不同时间断面空间结构各指标对经济关联度的影响见表 5 - 23。从表 5 - 23可以看出,空间结构对经济关联度的影响特征较为单一。

（1）空间紧凑度对经济关联度的影响最为显著。各时间断面空间紧凑度对劳动生产率的影响均为正值,说明空间紧凑度一直对经济关联度起促进作用。另外,从 2000 年到 2008 年,空间紧凑度对经济关联度的影响系数在逐渐提高,2000 年为0.384,2005 年和 2008 年,分别提高至 1.209 和 1.236,说明空间紧凑度对于促进省级行政区内各城市之间经济关联度的作用在逐年提高。

（2）中心度对经济关联度无显著影响。

（3）首位城市规模在 2005 年表现出相关特征,无规律可循。

（4）集散度和网络通达度只在 2008 年才与经济关联度表现出较为显著的相关关系。

表 5 - 23　不同时间断面空间结构各指标对经济关联度的影响

项目	2000 年	2005 年	2008 年
中心度	—	—	—
集散度	—	—	0.642
空间紧凑度	<u>0.384</u>	1.209	1.236
交通网络通达度	—	—	- 0.640
首位城市规模	—	0.711	—

注:表中数值为各空间结构指标对经济效率的影响系数,至少在 20% 显著水平下显著,—为不显著,下划线表示该自变量与因变量间存在内生性。

空间紧凑度对经济关联度的影响规律非常明显,影响空间紧凑度的一个重要指标是城市间相互作用指数,这一指数反映了城市间的联系程度,城市间相互作用指数越大,经济关联度越大。另外,空间紧凑度还反映了省域城镇体系的完善程度,结构合理的城镇体系必然有助于加强城市间的经济联系。其他指标对经济关联度只在个别年份出现了相关特征,且无规律可循,这里不做过多讨论。

5.4.3　对投资产出率的历时性影响

不同时间断面城市化空间结构各指标对投资产出率的影响见表 5 - 24。

表 5 – 24　不同时间断面城市化空间结构各指标对投资产出率的影响

项目	2000 年	2005 年	2008 年
中心度	—	—	<u>0.166</u>
集散度	—	—	− 0.193
空间紧凑度	—	—	<u>0.320</u>
交通网络通达度	—	—	− 0.139
首位城市规模	—	—	− 0.217

注:表中数值为各空间结构指标对经济效率的影响系数,至少在 20% 显著水平下显著,一为不显著,下划线表示该自变量与因变量间存在内生性。

　　城市化空间结构各指标仅在 2008 年对投资产出率产生了较为显著的影响特征,在 2000 年和 2005 年均无显著相关,因此不存在历时性的演变特征。对比 2008 年空间结构对劳动生产率和投资产出率的影响结果,发现空间结构对二者的影响作用是相似的,即中心度与空间紧凑度呈现正相关关系,集散度、交通网络通达度和首位城市规模呈现负相关关系,另外,影响系数也近乎相同。对 2008 年全国各省劳动生产率与投资产出率进行相关分析,发现二者相关系数仅为0.100 8,无明显的相关性,如图 5 – 3 所示。产生该统计结论的原因,本书还没有分析出合理的解释。

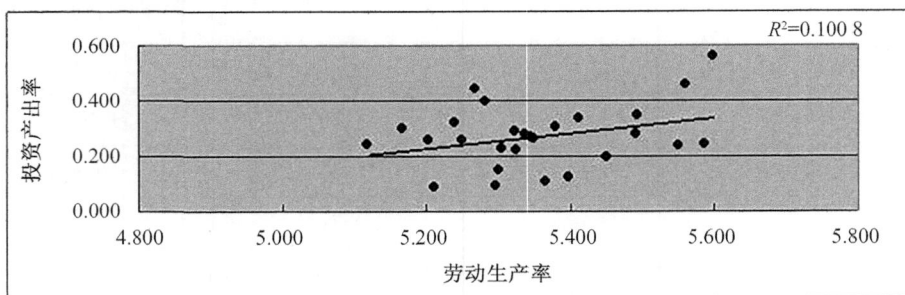

图 5 – 3　2008 年劳动生产率与投资产出率的散点图

5.5　区域空间结构对经济效率影响的综合特征

5.5.1　单中心能够提高经济效率,但作用效果逐渐减弱

　　从第 3 章和本章的计算结果可以看出,就中国各省目前的发展实际,单中心集聚依然能够在一定程度上提高全省的经济效益,不仅能提高劳动生产率,对投资产

出率也有一定的促进作用。这与之前我们认为的区域城市化空间结构随着经济发展应由增长极逐渐向点轴网络演变,即单中心向多中心转变的趋势相悖,同时也与一些研究成果的结论相反。E. J. Meijers 和 M. J. Burger 的研究证明,多中心性越强的区域劳动生产率越高,同时也证明了城市外部经济的存在。正如 Phelps 和 Ozawa 提出的,外部经济并不局限在一个单一城市核心内,而是由一组功能相互联系的区域共享的,即多中心区域显示了这种情况。因此,随着经济的快速发展,区域内城市间的联系日益密切,城市从城市以外获得收益的数量和便利程度应逐渐增加,从而提高整个区域的劳动生产率。但本书的计算结果与此假设相悖,主要原因是中国各省份(自治区)经济和社会发展阶段差距较大,大部分省份(自治区)仍以中心集聚为主,城市化空间结构总体仍向单中心趋势发展,多中心性对劳动生产率的正向影响受到了限制。从中心度对劳动生产率不同时间断面的影响效果来看,单中心结构对劳动生产率的促进作用在逐渐减弱,由此也可说明,随着经济的快速发展,单中心结构开始不能满足空间对经济发展的支撑作用,多中心结构将会取而代之。我国一些发达省份如江苏、山东、浙江、辽宁等,劳动生产率均较高,中心度却较低,呈现出了与国外高水平城市化地区较为一致的结论。因此,随着我国经济的快速发展,各省份(自治区)需缓解首位城市独大的空间集聚态势,减少首位城市的空间剥夺,合理配置资源,促进区域向多中心结构发展。

5.5.2　集散度和交通网络通达度的影响受限于首位城市

上一节的计算结果显示,2000 年,集散度和交通网络通达度与经济效率呈现正相关关系,即区域越分散、交通通达性越差,劳动生产率越高,这显然与国内外相关研究结论及本书的假设相悖。2008 年,集散度和交通网络通达度与经济效率呈现负相关关系,即区域越集聚、交通通达性越好,劳动生产率越高,这一结论符合一般规律。之所以出现这样的变化,本书认为与首位城市规模对经济效率的影响效果有直接关系。也就是说首位城市在全省经济发展中的地位变化,导致集散度和交通网络通达度对劳动生产率的影响发生转变。

2000 年,首位城市规模与劳动生产率呈现正相关,即首位城市规模越大,劳动生产率越高(如图 5 - 4 所示),说明 2000 年中国各省份(自治区)以首位城市(省会城市)为发展主体,首位城市集聚了全省大部分的资金、技术、人才、资源等,优惠政策也同时向首位城市倾斜,如提供更多的建设用地等。因此首位城市的 GDP 在全省(自治区)占有重要地位,对劳动生产率的贡献也最大。如图 5 - 5,2008 年全国各省首位城市占全省(自治区)GDP 的比例均较高,最高的为贵州省,约占 63.67%,大部分省份(自治区)首位城市 GDP 占全省(自治区)的比重达到了四分之一以上。首位城市在全省(自治区)的重要地位和作用促使首位城市规模对劳动生产率的影响极其明显,弱化了集散度和交通网络通达度对劳动生产率的影响作用,同时增强了中心度的影响效果。可见,本书的计算结果是符合我国发展实际的。

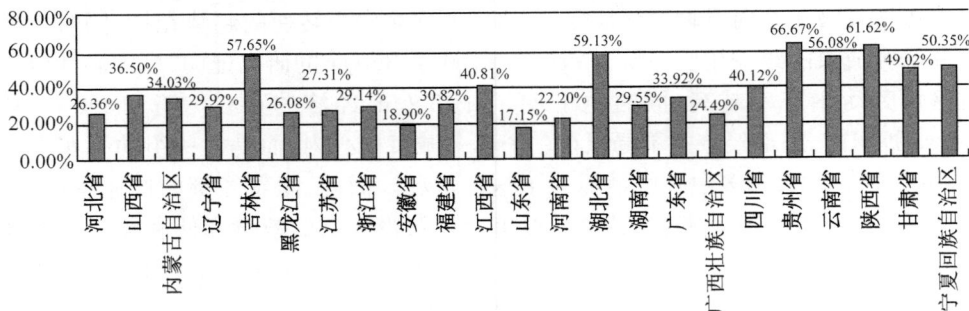

图 5-4 2000 年全国各省份(自治区)首位城市市辖区 GDP 占全省(自治区)市辖区 GDP 比例

2008 年,其他中心城市的快速崛起,弱化了首位城市在全省的地位和作用,人口、资金、技术和资源等生产要素也不再单纯地仅向首位城市集聚,其他中心城市在全省的地位日益提高,对全省劳动生产率的贡献也日益提高。此时集散度和交通网络通达度的作用突显出来,人口更多地集聚在城市化地区,中心城市间交通通达性的提高将很大程度上提高全省的劳动生产率,相应的,首位城市的地位逐渐下降,同时由于过度集聚导致的大城市病也阻碍了劳动生产率的进一步提高。

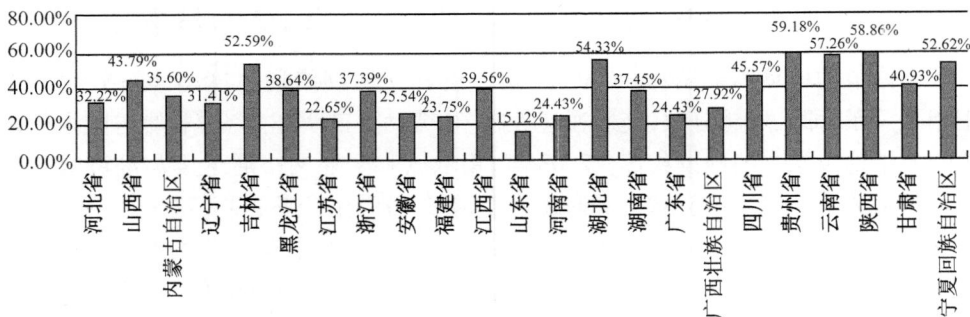

图 5-5 2008 年全国各省份(自治区)首位城市市辖区 GDP 占全省(自治区)市辖区 GDP 比例

5.5.3 空间紧凑度的影响证明城市化经济外部性的存在

空间紧凑度是本书在研究城市化空间结构与经济效率关系中加入的创新变量。从计算结果来看,空间紧凑度对经济效率的影响是最显著的,同时规律性也最强。首先,空间紧凑度对劳动生产率有显著的正相关关系,且作用效果逐年增加。其次,空间紧凑度对经济关联度同样具有显著的正相关关系,作用效果也呈现逐年增加的特征。最后,在 2008 年,空间紧凑度对投资产出率也具有正向的促进作用。

由此我们可以判断,空间紧凑度是城市化空间结构对经济效率影响的关键因素之一。空间紧凑度是一个综合指标,反映了区域内城市间的相互作用关系、城镇体系的完善程度及生产要素的集聚程度。空间紧凑度对经济效率的显著影响说明城市化空间结构对经济效率的促进作用是一种综合作用。首先,城市间的相互作用能带来经济效率的提高,不论区域是单中心结构还是多中心结构,强化区域内城市间的相互作用是关键,这一结论能进一步证明城市经济外部性的存在,即城市的收益很大程度上来自于城市以外。其次,城镇体系的完善程度对于区域经济发展至关重要,这也说明城镇体系规划对区域经济发展具有重要的指导作用,应有计划、有重点、有步骤地培育具有不同职能分工、不同等级规模、空间分布有序、联系密切、相互依存的城镇群体。

5.5.4 空间结构与经济效率普遍存在内生性

从表 5 - 22、表 5 - 23 和表 5 - 24 可以发现,除首位城市规模外,城市化空间结构与经济效率普遍存在内生性。经济关联度与空间结构的内生性也不明显,原因是经济关联度为隐性指标,所计算的数值并非区域内城市间的实际经济联系强度,而是最大值或者理想值。空间结构指标与经济效率指标存在内生性说明自变量和因变量之间存在一定程度的相互影响。这一结论与 Lee 和 Gordon 的观点相悖,他们认为空间重组是一个长期的过程,虽受社会、经济、文化等多种因素影响,但这种影响过程较为漫长。考虑中国的现实情况,中国的人口空间重组是剧烈的,尽管与改革开放以前相比,市场经济成为推动区域经济发展的主导,但在社会主义的体制下,经济发展、城市建设和区域发展仍然在很大程度上受政府行为影响,加之近年来中国经济的快速发展,作为行为主体的政府在促进区域发展中会制定各类区域发展战略,区域城市化空间结构在很大程度上响应了发展战略的变化,由此体现出了空间结构与劳动生产率之间的内生性特征。

5.6 本章小结

从上述主要结论看,本书的实证研究与 E. J. Meijers 和 M. J. Burger 对美国都市区的实证研究结论存在较大差别。究其原因,一是与区域所处的发展阶段有关。美国现今大都市区经济高度发达,空间动力以扩散为主,大扩散、小集中是其空间发展的主要特征。中国各省份大多属于发展中区域,空间动力以集中为主,大集中、小扩散是其空间发展的主要特征,即二者经济增长的空间动力存在差别,由此也验证了美国学者 J. G. Williamson 提出的经济增长过程由空间集中到分散的"倒U 字形"曲线的假说。二是可能与区域内部经济社会联系程度的差别有关。美国大都市区的竞争空间在区域外部,指向国际市场,区域内部城市的合作大于竞争。

中国省区的竞争空间在区域内部,竞争大于合作,经常上演的是"大鱼吃小鱼"的景象,区域内城市之间往往借力不足,也就是说缺少促进区域劳动生产率提高的合力。

本书没有尝试确定一个较为合理的区域城市化空间结构,不仅因为得不到统一的答案,还因为成功的经济发展是发生在多种空间结构政权制度下的。

第6章 区域空间结构对经济效率的作用机制

本章采用黑箱分析方法尝试探讨区域城市化空间结构对经济效率的影响机制。黑箱分析是在区域城市化空间结构、社会经济要素"集散"和经济环境效应之间的复杂变量关系研究中,先把社会经济要素"集散"看作"黑箱",重点研究城市化空间结构与经济效率的复杂变量关系,然后,寻找以社会经济要素"空间集散"为主的新选变量,重点研究其与城市化空间结构和经济效率的前、后向关系,进而探讨区域城市化空间结构及其经济效率的作用机制。

6.1 中间变量——社会经济要素"集散"

6.1.1 人口密度

由于人口密度和经济发展之间的关系很复杂,所以关于人口密度和经济发展的相互影响问题,各个领域的学者争论已久。一方面,人口密度的提高会促进经济发展。人口密度越大经济越发展的缘由可以从古典自由主义经济学的开山鼻祖亚当·斯密那里找到。在斯密看来,经济要发展就要提高劳动生产率。劳动生产率,就是单位时间内的劳动产量。而要提高单位时间内的劳动产量,首要因素就是要提高劳动者的劳动熟练程度。而劳动者的劳动熟练程度的提高,直接取决于劳动分工和专业化。对人口密度的一定要求恰恰是能够产生劳动分工和专业化的必要条件。另一方面,并不是在任何条件下人口密度的无限度增加都会形成与经济发展的正向相关关系,随着人口的不断增长,资源配置的不均衡、环境压力、基础设施压力等问题都可能会阻碍经济的快速发展。因此,人口和经济的关系并不简单直接,尤其对于中国这个快速发展的发展中国家来说,人口密度对区域经济发展及经济效率的影响尚不明晰。

人口密度是指单位面积土地上居住的人口数,是反映某一地区范围内人口疏密程度的指标。本书计算的人口密度是省级行政区内市辖区人口与市辖区面积的比值。人口密度在一定程度上受区域城市化空间结构的影响,加之其与经济效率之间的不明确关系,因此,本书选取人口密度作为"黑箱"变量进行讨论。

6.1.2　产出密度

本书所用产出密度与经济密度概念相同,是指省级行政区内市辖区国内生产总值与市辖区面积之比,它表征了城市单位面积上经济活动的效率和土地利用的密集程度。陈良文等的研究表明经济密度对劳动生产率有明显的正向影响,从而证明了集聚经济效率的存在。经济密度与区域城市化空间结构的相关关系,以及单中心-多中心、集聚-扩散等维度对经济密度的空间变化是本章研究的重要内容。

6.1.3　就业密度

近年来,城市扩张和城市空间结构成为城市地理学者研究的热点。就业密度作为反映城市经济空间结构的重要指标,成为学者研究城市空间结构识别和发展模式的关键变量。就业密度主要研究领域多集中在就业次中心的识别和就业密度空间分布的格局、模式研究等方面。本书采用的就业密度指标不同于就业率,是省级行政区内市辖区就业人口与市辖区面积的比值。

6.1.4　交通密度

本书之所以选取交通密度作为"黑箱"变量,是因为随着我国各省经济的快速发展,城市间的联系日益密切,城市化空间结构的演变在很大程度上会对交通密度产生影响,同时交通的通达性对经济效率也具有较为显著的影响,这可从第5章的研究结论中看出。交通密度这一社会要素指标是否在城市化空间结构和经济效率之间具有"桥梁"作用,正是本书要讨论的内容。这里的交通密度是全省交通用地面积与全省总面积的比值。该指标没有仅仅限定在市辖区范围内,一是因为数据收集的限制,二是省级行政区尺度的计算涵盖了城市与城市之间的交通密度。

社会经济要素内涵丰富,涵盖区域社会经济发展的方方面面,既包括经济基础、资金、科技和信息技术,也包括自然资源、劳动力资源、旅游等人文资源及基础设施状况等,甚至在考察社会经济要素时,有些学者也将区域发展政策作为重中之重。限于数据收集、指标量化的困难和对社会经济要素集散的理解,本书暂选用这四个指标作为对社会经济要素集散的考察指标。

6.2　区域空间结构对社会经济要素"集散"的影响

区域城市化空间结构是城市要素在区域地理空间范围内的组合与分布状态,是经济结构和社会结构的空间投影。因此,区域城市化空间结构的演变对社会经济要素的集散有直接的影响。为了考察全国各省级行政区城市化空间结构与社会经济要素之间的影响关系,本书对城市化空间结构各指标和社会经济要素各指标进行线性相关分析,并以散点图的形式表现二者的相关性强弱。

6.2.1 中心度对社会经济要素集散的影响

对 2008 年全国各省级行政区中心度指标和各社会经济要素指标进行相关分析并绘制散点图如图 6-1 所示,可以看出:中心度与社会经济要素的集散没有显著的相关性,相关系数最大的为就业密度,仅为 0.22。产生这种结果主要是由于中心度在全国各省级行政区分布的无序性造成的,社会经济要素在一般情况下倾向聚集在经济发展较好的区域,因此从数值来看,我国经济实力较强的省级行政区,社会经济要素密度均较高。通过第 3 章的计算发现,中心度在我国各省级行政区的分布毫无规律,我们认为这是由于我国目前所处的空间发育阶段和经济发展阶段不相协调所致。

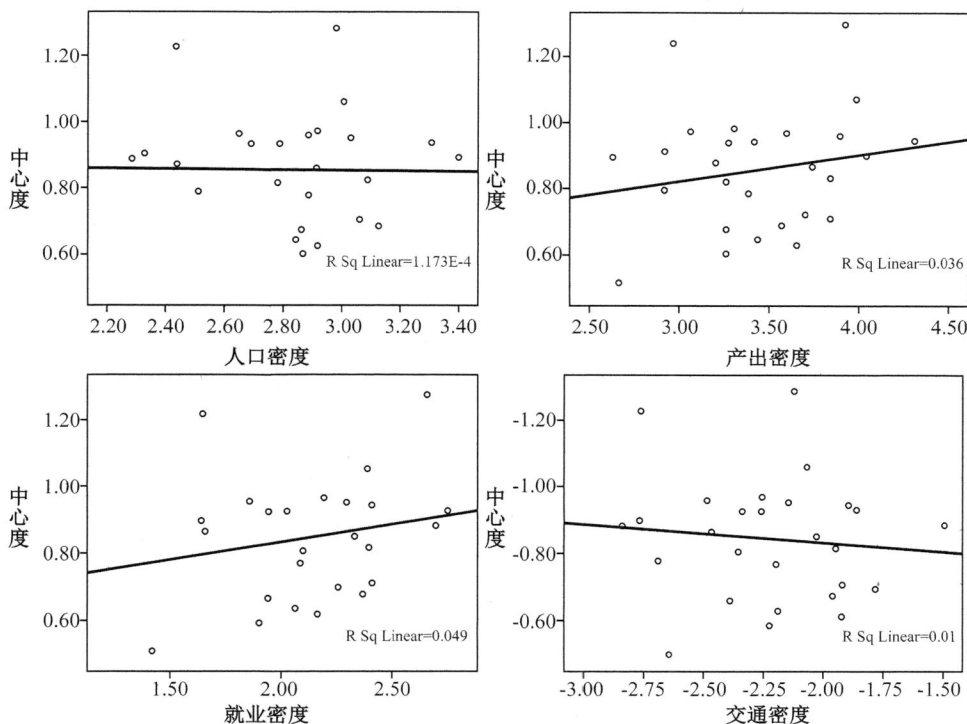

图 6-1 2008 年中国省级行政区中心度与社会经济要素的散点图

注:图中 R Sq Linear 值为两组变量相关系数的平方。

由于城市化空间结构受多种因素影响,其中地形地貌、省域边界的形状及特殊的行政建制等因素对城市化空间结构的影响是不容忽视的,同时也影响了我们对城市化空间结构与经济效率的关系研究,导致城市化空间结构对经济效率的影响效果出现偏差。有鉴于此,我们把云南、甘肃、陕西、重庆、内蒙古自治区和黑龙江等六个省份(直辖市或自治区)作为离群点剥离出散点图(我们认为这六个省份的城市化空间结构形态受地形地貌、省域边界的形状及特殊的行政建制等因素的影响较大),重新进行相关分析后发现,中心度与就业密度和产出密度的相关系数达到0.604和0.526,二者显著正相关(通过查询相关系数检验表,相关系数达到0.487即为在1%显著水平下相关),也就是说单中心性越强,区域就业密度和产出密度越大。

6.2.2 集散度对社会经济要素集散的影响

对2008年全国各省级行政区集散度指标和各社会经济要素指标进行相关分析并绘制散点图如图6-2所示,可以看出:集散度与产出密度和就业密度的相关性分别为-0.472和-0.438,在5%的显著水平下呈现负相关,而与人口密度和交通密度的相关性则较小,说明省级行政区越集聚,其产出密度和就业密度越大。

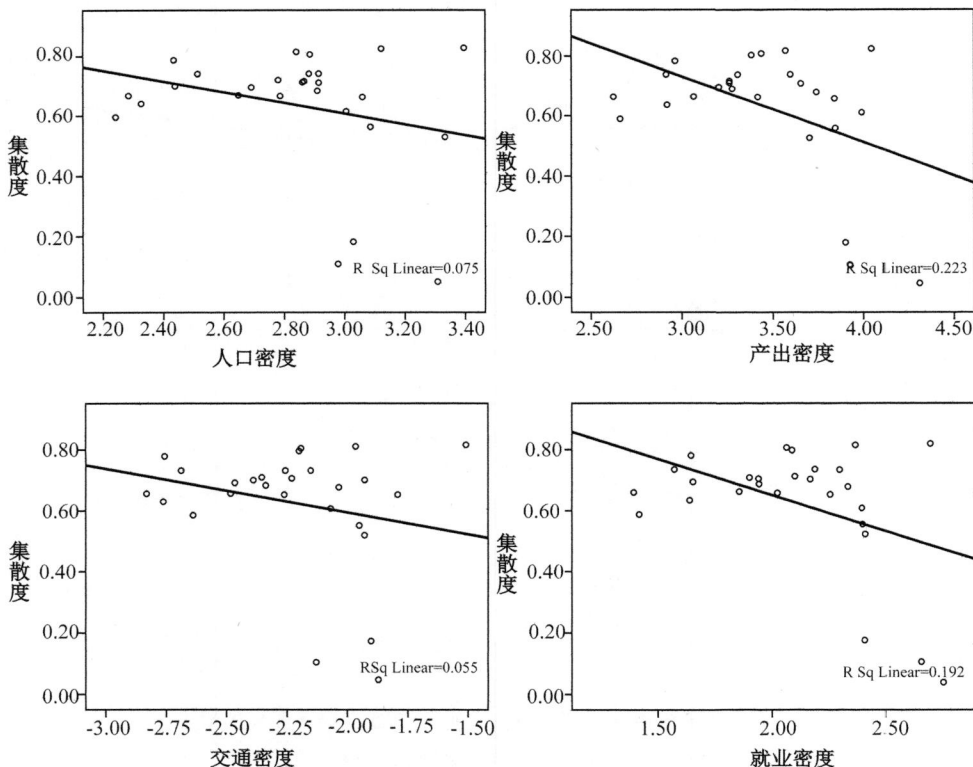

图6-2 2008年中国省级行政区集散度与社会经济要素的散点图
注:图中R Sq Linear值为两组变量相关系数的平方。

6.2.3　空间紧凑度对社会经济要素集散的影响

对 2008 年全国各省级行政区空间紧凑度指标和各社会经济要素指标进行相关分析并绘制散点图如图 6-3 所示,可以看出:空间紧凑度与各社会经济要素的相关性都非常好,且均呈现显著的正相关关系。空间紧凑度与人口密度、产出密度、就业密度及交通密度的相关系数分别为 0.744、0.813、0.774 和 0.703,均在 1% 显著水平下相关。虽然本书在计算空间紧凑度时使用了人口密度指数、城镇密度指数及空间相互作用指数这三个与社会经济要素密切相关的指数,但空间紧凑度是一个综合指标,客观上能在一定程度上反映城市化空间结构对社会经济要素集散的影响效果。

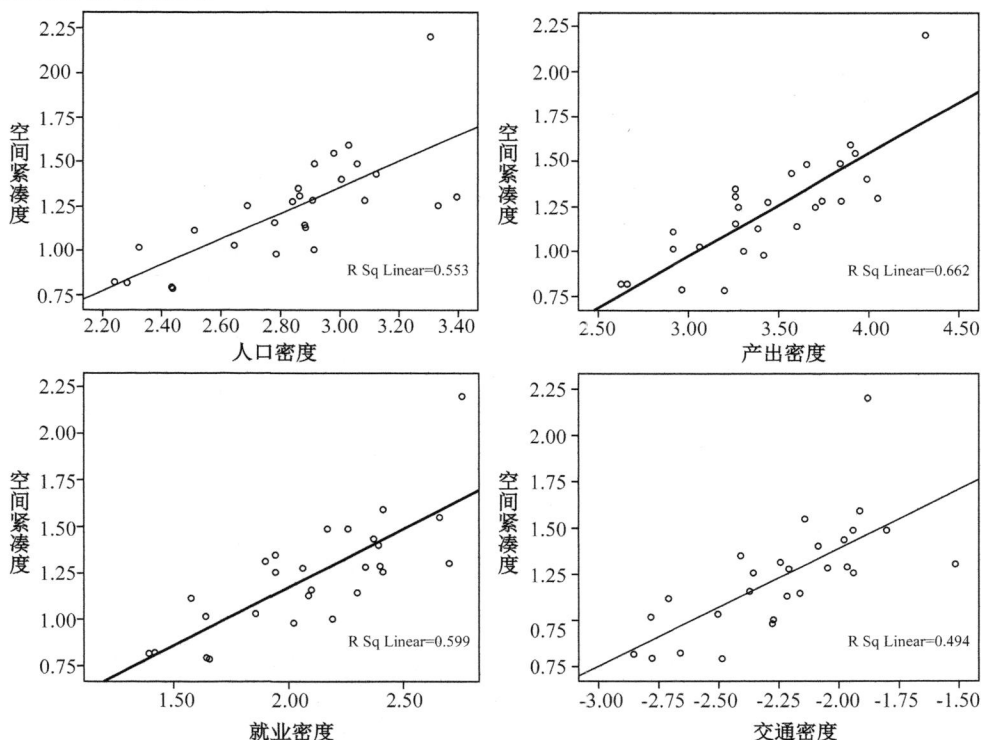

图 6-3　2008 年中国省级行政区空间紧凑度与社会经济要素的散点图

注:图中 R Sq Linear 值为两组变量相关系数的平方。

6.2.4　交通网络通达度对社会经济要素集散的影响

对 2008 年全国各省级行政区网络通达度指标和各社会经济要素指标进行相关分析并绘制散点图如图 6-4 所示,可以看出:交通网络通达度与各社会经济要素存在较明显的负相关关系,其与人口密度、产出密度、就业密度及交通密度的相关系数分别为 -0.500、-0.592、-0.628 和 -0.470。这说明交通网络通达度对于社会经济要素集散有较为明显的促进作用。

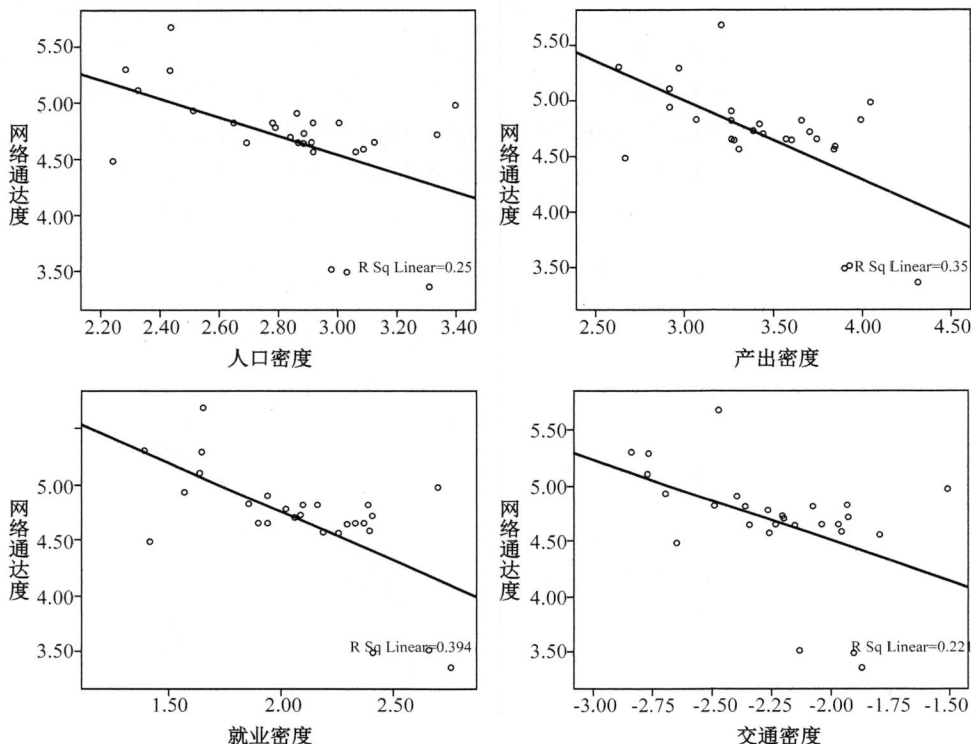

图 6 - 4 2008 年中国省级行政区交通网络通达度与社会经济要素的散点图

注:图中 R Sq Linear 值为两组变量相关系数的平方。

6.2.5 首位城市规模对社会经济要素集散的影响

对 2008 年全国各省级行政区首位城市规模指标和各社会经济要素指标进行相关分析并绘制散点图如图 6 - 5 所示,可以看出:首位城市规模与社会经济要素的相关性较为显著,且呈现正相关关系,其与人口密度、产出密度、就业密度和交通密度的相关系数分别为0.594、0.657、0.643和0.449,除与交通密度在5%显著水平下相关外,其余相关系数均能通过1%显著水平检验。这一分析结果也间接证明了之前我们的分析结论,首位城市在我国各省级行政区经济发展中占有举足轻重的地位,首位城市人口规模的增加会带来省级行政区人口密度、产出密度、就业密度甚至交通密度的提高,因此也必然会影响省级行政区的经济效率。

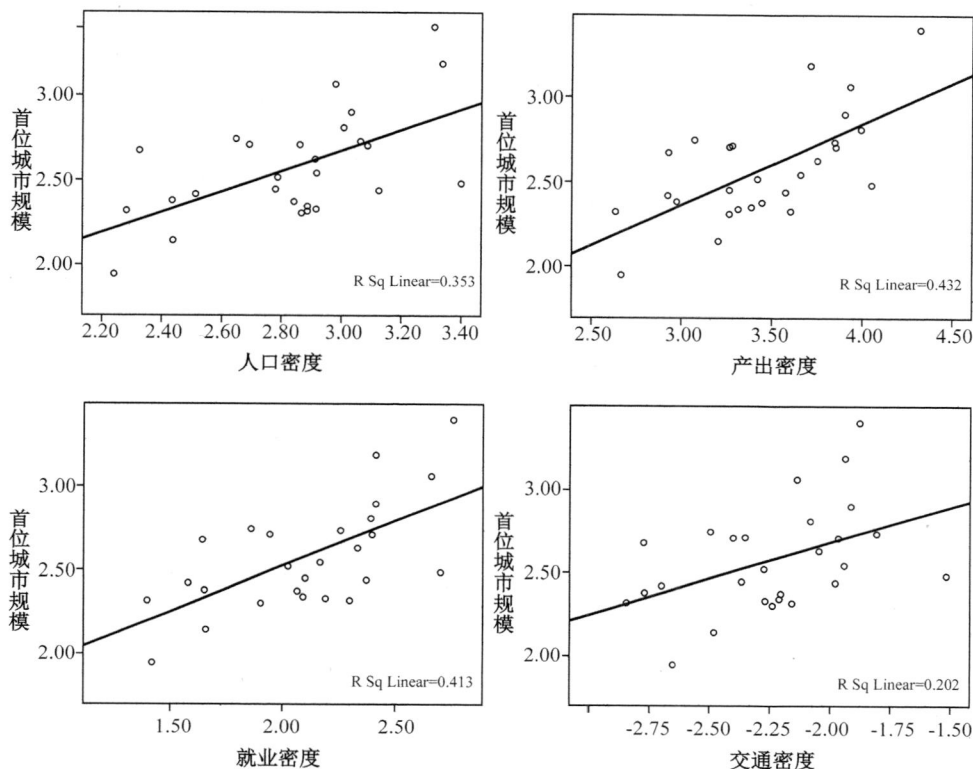

图 6 - 5　2008 年中国省级行政区首位城市规模与社会经济要素的散点图

注:图中 R Sq Linear 值为两组变量相关系数的平方。

6.3　经济效率对社会经济要素"集散"的响应

区域经济是在一定区域内经济发展的内部因素与外部条件相互作用而产生的生产综合体。每一个区域的经济发展都受到自然条件、社会经济要素(条件)和技术经济政策等因素的制约。水分、热量、光照、土地和灾害频率等自然条件在社会经济发展早期,对区域经济的发展起着至关重要的作用,但同时这种影响和作用效果也较为固定;当社会生产力发展到一定水平时,自然条件对区域经济的影响逐渐弱化,区域经济的发展程度更多地受投入的资金、技术和劳动等社会经济因素的制约,因此区域经济效率对于社会经济要素的集散有较为显著的影响。

6.3.1　劳动生产率与社会经济要素的关系

对 2008 年全国各省级行政区劳动生产率指标和各社会经济要素指标进行相

关分析并绘制散点图如图 6-6 所示,可以看出:劳动生产率与人口密度和就业密度无明显的相关性,相关系数仅为0.274和0.278;与产出密度和交通密度具有一定的正相关性,相关系数分别为0.542和0.417。这说明劳动生产率的提高与人口密度和就业密度关系不大,而产出密度和交通密度的提升在一定程度上会促进区域劳动生产率的提高。

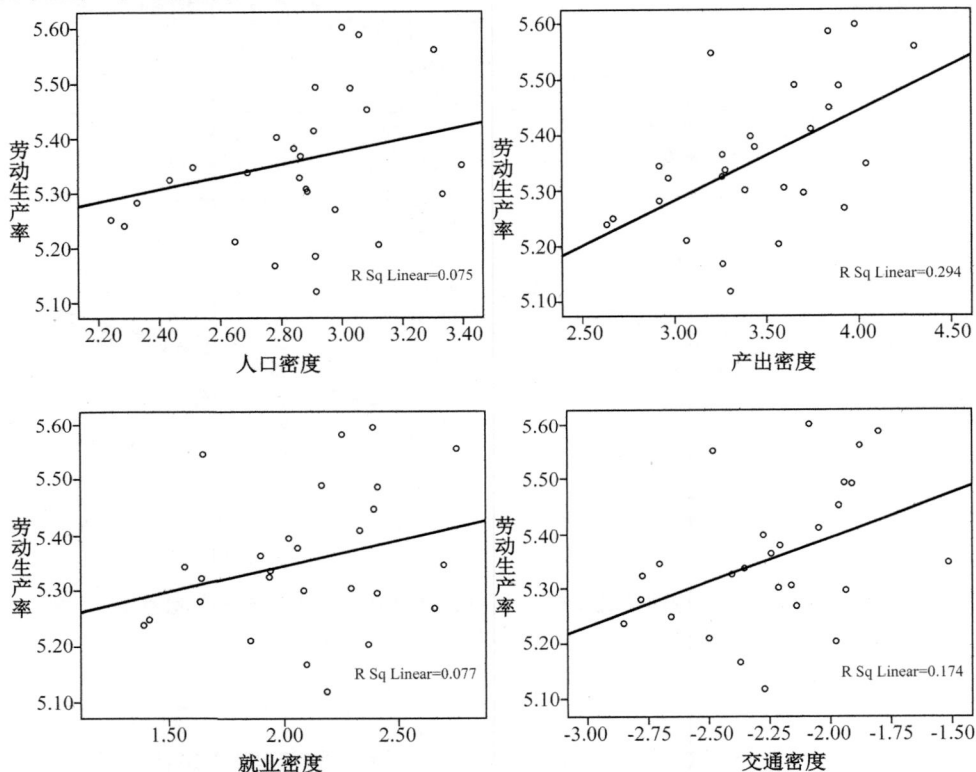

图 6-6　2008 年中国省级行政区劳动生产率与社会经济要素的散点图

注:图中 R Sq Linear 值为两组变量相关系数的平方。

6.3.2　经济关联度与社会经济要素的关系

对 2008 年全国各省级行政区经济关联度和各社会经济要素进行相关分析并绘制散点图如图 6-7 所示,可以看出:经济关联度与社会经济要素呈现较强的正相关关系,其与人口密度、产出密度、就业密度和交通密度的相关系数分别为0.704、0.755、0.739和0.742。说明区域经济关联度越高,越能促进社会经济要素在区域内的集聚,反之,社会经济要素在区域内的流动和集聚在一定程度上将加强区域内各城市间的经济联系。

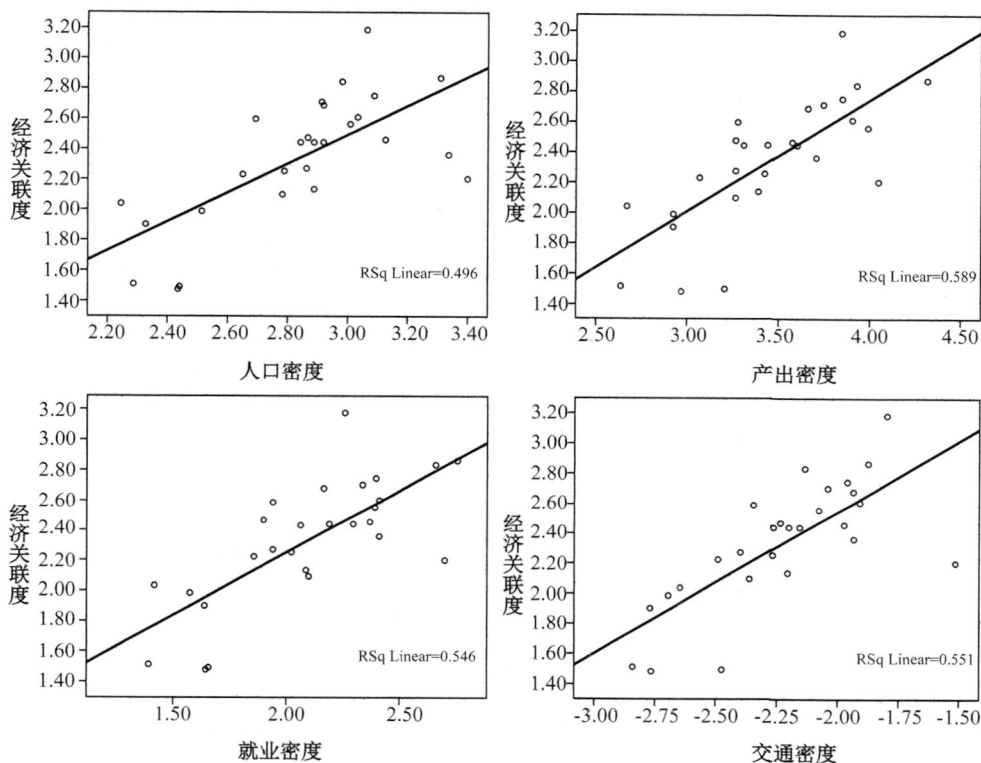

图 6 - 7　2008 年中国省级行政区经济关联度与社会经济要素的散点图

注:图中 R Sq Linear 值为两组变量相关系数的平方。

6.3.3　投资产出率与社会经济要素的关系

对 2008 年全国各省级行政区投资产出率和各社会经济要素进行相关分析并绘制散点图如图 6 - 8 所示,可以看出:投资产出率与社会经济要素之间的相关性非常差,其与人口密度、产出密度、就业密度和交通密度的相关系数分别为0.001、0.293、0.227和0.033。可见,社会经济要素的集散并未导致投资产出率的变动,投资环境及政策导向仍是当前我国各省级行政区吸引外资的主要影响因素。

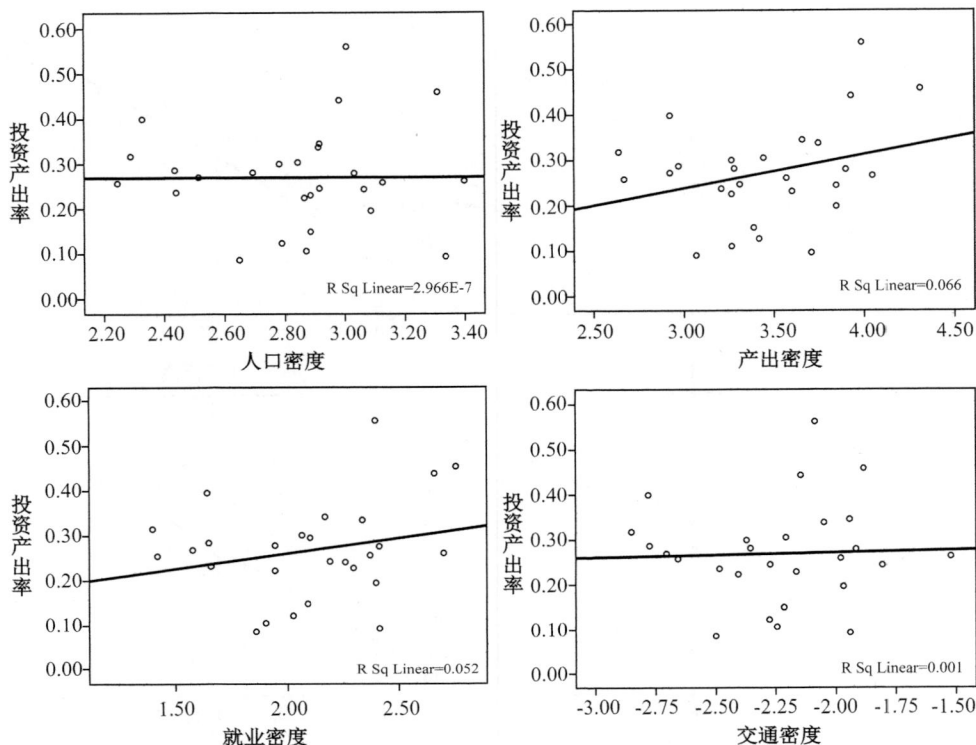

图 6-8　2008 年中国省级行政区投资产出率与社会经济要素的散点图

注:图中 R Sq Linear 值为两组变量相关系数的平方。

6.4　区域空间结构对经济效率的影响机制

本章第三节通过将城市化空间结构指标及经济效率指标分别与社会经济要素指标进行相关分析,试图寻找社会经济要素集散与空间结构及经济效率的前后向联系,限于篇幅仅列出 2008 年各指标表示相关性强弱的散点图。通过对 2000 年和 2005 年各指标进行相关分析,可以发现各指标的相关性结果与 2008 年较为一致,详见表 6-1~表 6-4 所示。

表 6-1　2005 年城市化空间结构与社会经济要素的相关系数

	项目	中心度	集散度	空间紧凑度	交通网络通达度	首位城市规模	人口密度	产出密度	就业密度	交通密度
中心度	Pearson Correlation Sig. (2-tailed) N									

表 6 – 1（续）

项目		中心度	集散度	空间紧凑度	交通网络通达度	首位城市规模	人口密度	产出密度	就业密度	交通密度
集散度	Pearson Correlation	– 0. 340								
	Sig(2 – tailed)	0. 083								
	N	27								
空间紧凑度	Pearson Correlation	– 0. 039	– 0. 490 **							
	Sig. (2 – tailed)	0. 846	0. 009							
	N	27	27							
网络通达度	Pearson Correlation	– 0. 114	0. 833 *	– 0. 676 *	– 0. 586 *					
	Sig. (2 – tailed)	0. 571	0. 000	0. 000	0. 001					
	N	27	27	27	27					
首位城市规模	Pearson Correlation	0. 367	– 0. 644 **	0. 689 **	– 0. 586 **					
	Sig. (2 – tailed)	0. 060	0. 000	0. 000	0. 001					
	N	27	27	27	27					
人口密度	Pearson Corelation	0. 018	– 0. 244	0. 775 **	– 0. 520 **	0. 584 *				
	Sig. (2 – tailed)	0. 930	0. 221	0. 000	0. 005	0. 001				
	N	27	27	27	27	27				
产出密度	Pearson Correlation	0. 216	– 0. 471 *	0. 813 **	– 0. 606 **	0. 671 **	0. 907 **			
	Sig. (2 – tailed)	0. 280	0. 013	0. 000	0. 001	0. 000	0. 000			
	N	27	27	27	27	27	27			
就业密度	Pearson Correlation	0. 212	– 0. 449 *	0. 772 **	– 0. 646 **	0. 638 **	0. 938 **	0. 954 **		
	Sig. (2 – tailed)	0. 290	0. 019	0. 000	0. 000	0. 000	0. 000	0. 000		
	N	27	27	27	27	27	27	27		
交通密度	Pearson Correlation	0. 108	– 0. 769 **	0. 892 **	– 0. 873 **	0. 725 **	0. 673 **	0. 808 **	0. 755 **	
	Sig. (2 – tailed)	0. 593	0. 000	0. 000	0. 000	0. 000	0. 000	0. 000	0. 000	
	N	27	27	27	27 **	27	27	27	27	

注:数据肩标 * * 表示在 1% 水平下显著, * 表示在 5% 水平下显著。

表 6 – 2　2005 年经济效率与社会经济要素的相关系数

项目		劳动生产率	投资产出率	经济关联度	人口密度	产出密度	就业密度	交通密度
劳动生产率	Pearson Correlation							
	Sig. (2 – tailed)							
	N							
投资产出率	Pearson Correlation	0. 243						
	Sig. (2 – tailed)	222						
	N	27						
经济关联度	Pearson Correlation	0. 462 *	0. 016					
	Sig. (2 – tailed)	0. 015	0. 936					
	N	27	27					
人口密度	Pearson Correlation	0. 340	0. 080	0. 737 **				
	Sig. (2 – tailed)	0. 082	0. 693	0. 000				
	N	27	27	27				

表 6 - 2（续）

项目		劳动生产率	投资产出率	经济关联度	人口密度	产出密度	就业密度	交通密度
产出密度	Pearson Correlation	0.590 **	0.161	0.782 **	0.907 **			
	Sig. (2 - tailed)	0.001	0.422	0.000	0.000			
	N	27	27	27	27			
就业密度	Pearson Correlation	0.322	0.099	0.746 **	0.938 **	0.954 **	27	
	Sig. (2 - tailed)	0.102	0.622	0.000	0.000	0.000		
	N	27	27	27	27			
交通密度	Pearson Correlation	0.522 **	0.229	0.871 **	0.673 **	0.808 **	0.755 **	
	Sig. (2 - tailed)	0.005	0.252	0.000	0.000	0.000	0.000	
	N	27	27	27	27	27	27	

注：数据肩标 ** 表示在 1% 水平下显著，* 表示在 5% 水平下显著。

表 6 - 3　2000 年城市化空间结构与社会经济要素的相关系数

项目		中心度	集散度	空间紧凑度	交通网络通达度	首位城市规模	人口密度	产出密度	就业密度	交通密度
中心度	Pearson Correlation									
	Sig. (2 - tailed)									
	N									
集散度	Pearson Correlation	- 0.452 *								
	Sig. (2 - tailed)	0.018								
	N	27								
空间紧凑度	Pearson Correlation	- 0.058	- 0.095							
	Sig. (2 - tailed)	0.773	0.638							
	N	27	27							
交通网络通达度	Pearson Correlation	- 0.286	0.792 **	- 0.168						
	Sig. (2 - tailed)	0.149	0.000	0.402						
	N	27	27	27						
首位城市规模	Pearson Correlation	0.449 *	- 0.644 **	0.086	- 0.569 **					
	Sig. (2 - tailed)	0.019	0.000	0.671	0.002					
	N	27	27	27	27					
人口密度	Pearson Correlation	0.212	- 0.356	0.534 **	- 0.608 **	0.571 **				
	Sig. (2 - tailed)	0.289	0.069	0.004	0.001	0.002				
	N	27	27	27	27	27				
产出密度	Pearson Correlation	0.239	- 0.443 *	0.529 **	- 0.652 **	0.630 **	0.903 **			
	Sig. (2 - tailed)	0.230	0.021	0.005	0.000	0.000	0.000			
	N	27	27	27	27	27	27			

表 6 – 3（续）

项目		中心度	集散度	空间紧凑度	交通网络通达度	首位城市规模	人口密度	产出密度	就业密度	交通密度
就业密度	Pearson Correlation	0.337	-0.513 **	0.498 **	-0.701 **	0.568 **	0.930 **	0.933 **		
	Sig. (2 - tailed)	0.086	0.006	0.008	0.000	0.002	0.000	0.000		
	N	27	27	27	27	27	27	27		
交通密度	Pearson Correlation	0.195	-0.376	0.567 **	-0.621 **	0.556 **	0.934 **	0.950 **	0.949 **	
	Sig. (2 - tailed)	0.330	0.053	0.002	0.001	0.003	0.000	0.000	0.000	
	N	27	27	27	27	27	27	27	27	

注：数据肩标 ** 表示在1%水平下显著，* 表示在5%水平下显著。

表 6 – 4　2000 年经济效率与社会经济要素的相关系数

项目		劳动生产率	投资产出率	经济关联度	人口密度	产出密度	就业密度	交通密度
劳动生产率	Pearson Correlation							
	Sig. (2 - tailed)							
	N							
投资产出率	Pearson Correlation	0.261						
	Sig. (2 - tailed)	0.189						
	N	27						
经济关联度	Pearson Correlation	0.503 **	0.180					
	Sig. (2 - tailed)		0.369					
	N		27					
人口密度	Pearson Correlation	0.367	0.302	0.709 **	0.000			
	Sig. (2 - tailed)	0.060	0.126					
	N	27	27		27			
产出密度	Pearson Correlation	0.634 **	0.289	0.750 **	0.903 **			
	Sig. (2 - tailed)	0.000	0.144	0.000	0.000			
	N	27	27	27	27			
就业密度	Pearson Correlation	0.353	0.183	0.730 **	0.930 **	0.933 **		
	Sig. (2 - tailed)	0.071	0.361	0.000	0.000	0.000		
	N	27	27	27	27	27		
交通密度	Pearson Correlation	0.516 **	0.300	0.763 **	0.934 **	0.950 **	0.949 **	
	Sig. (2 - tailed)	0.006	0.128	0.000	0.000	0.000	0.000	
	N	27	27	27	27	27	27	

注：数据肩标 ** 表示在1%水平下显著，* 表示在5%水平下显著。

　　同样对 2005 年和 2000 年的中心度与各社会经济要素指标散点图进行离群点剥离，去掉云南、甘肃、陕西、重庆、内蒙自治区和黑龙江等六个省份（直辖市或自治区），中心度与产出密度和就业密度的相关系数分别得到不同程度的升高，且能通过至少5%以上显著水平下的相关性检验,说明中心度与产出密度和就业密度具有较为明显的正相关。

另外从各相关系数的表中可以发现,四个社会经济要素指标之间均存在正向相关关系,且均能通过1%显著水平的相关检验,2008年各指标间的相关系数均达到0.9以上(见表6-5),说明各社会经济要素相互影响,相互作用,某一指标的变动极有可能影响其他几项指标的变化

表6-5　2008年社会经济要素指标间的相关系数

项目	人口密度	产出密度	就业密度	交通密度
人口密度	—	—	—	—
产出密度	0.900**	—	—	—
就业密度	0.938**	0.958**	—	—
交通密度	0.934**	0.912**	0.900**	—

注:数据肩标**表示在1%水平下显著,*表示在5%水平下显著;—表示无结果。

根据本章第2节和第3节以及以上内容的分析,绘制了中心度和集散度对劳动生产率的影响机制示意图(如图6-9)。从图中我们可以看出,黑箱内的社会经济要素彼此之间具有相互影响关系,一个社会经济要素的集聚变化可能会导致其他要素的相应变化,根据上面的相关分析可知这种影响都是正向的。中心度和集散度对社会经济要素集散的影响主要体现在产出密度和就业密度的变化上。首先,中心度和集散度的变化对我国各省级行政区人口密度变化影响不大,因为中心度并不能反映人口的密度,而是反映区域内人口分布的指标。集散度反映的是人口集中在城镇的集聚程度,但人口密度反映的是单位地理单元上的人口稠密情况,二者相关性并不大。其次,中心度和集散度与交通密度之间没有相关关系。事实上,我们认为中心度应与交通密度有较为密切的联系,而且这种联系是负相关的,因为多中心结构的省级行政区,在两个或者更多核心城市间应该有较单中心结构省级行政区更密集、更快捷的交通网络,以提高核心城市之间、核心城市与周边城市之间的经济联系。出现这种计算结果可能有两个原因,一个原因可能是我国各省级行政区的交通网络已经趋于完善;另一个原因是我国各省级行政区的交通基础设施滞后于经济发展速度和城市化发展速度,我们更倾向于后者。集散度与交通密度无相关关系可能也是上述原因。最后,中心度和集散度与产出密度和就业密度都有较为明显的负相关,也就是区域越趋于单中心,区域越集聚,区域的产出密度和就业密度越高,该相关结果符合第3章的结论,单中心集聚结构目前在我国仍然是有效率的,依然可以提高省级行政区范围的产出密度和就业密度。

另一方面,劳动生产率对社会经济要素集散的响应也是较为明显的,主要受产

出密度和交通密度的影响。首先,人口密度和就业密度的变化并不能提高劳动生产率,提高劳动生产率的因素大体包括劳动力素质、科学技术、生产过程的管理水平及生产资料的规模等。人口密度的变化对上述影响因素或许会有影响,但从本书的研究结果来看影响不大。对于就业密度,我国产业发展处于由劳动密集型向技术和资金密集型产业转移阶段,目前我国各省级行政区就业密度与劳动生产率无必然联系,说明了劳动密集型产业依然是我国产业发展的主要力量,同时也恰恰突出了产业转型的必要性。其次,产出密度对劳动生产率的正向相关,说明了产业集聚所产生的规模经济和规模效益确实能够提高劳动生产率。最后,交通密度对劳动生产率的正向影响,说明了区域基础设施对提高区域经济效率的重要性。交通密度的提高必然带来区域内部交通联系的便利,便捷的交通条件增加了城市间的经济往来,而来自城市外部的收益也将随着经济联系的日益密切而日渐增多,这种正的城市化经济外部性将是未来城市提高经济效率的关键所在。

由此可见,中心度和集散度对产出密度和就业密度的影响最为直接,同时就业密度的集散直接导致劳动生产率的高低,而交通密度则是在其他社会经济要素发生变化后间接发生变化,进而影响区域劳动生产率。

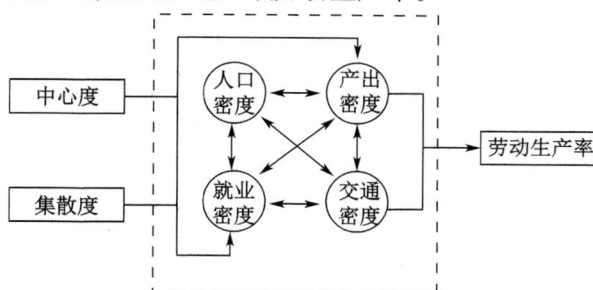

图6-9 中心度和集散度对劳动生产率的作用机制示意图

空间紧凑度、交通网络通达和首位城市规模对社会经济要素集散的影响较为全面,与人口密度、就业密度、产出密度和交通密度的相关性均较强(如图6-10)。空间紧凑度作为衡量区域城镇体系完善程度、城市间相互作用强度及要素集聚水平的综合指标,与四个社会经济要素指标均有较为明显的正向相关性。交通网络通达度既反映了区域城市化空间结构的网络程度,同时也反映了区域交通基础设施的建设水平,良好的基础设施建设有利于促进人口的集聚、产业的集中,更加有利于吸引就业,对于交通密度的影响则是内在的。首位城市规模是目前我国各省级行政区经济发展中较为重要的影响因素,首位城市规模的增加不仅能带动省级行政区经济的快速发展,也在一定程度上促进人口密度、产出密度、就业密度和交通密度等各种社会经济要素的集聚。

城市化空间结构对经济关联度的影响较为单一,其中空间紧凑度对经济关联度的

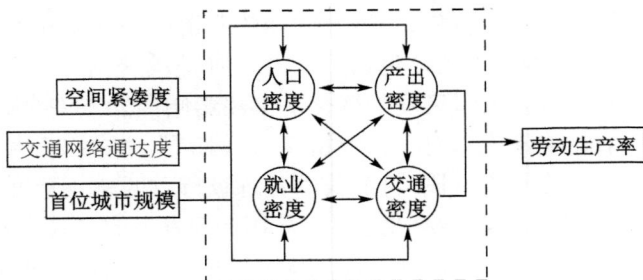

图 6 – 10　空间紧凑度、交通网络通达度及首位城市规模对劳动生产率作用机制示意图

影响最为明显,影响系数也是逐年增加的。由于经济关联度是一个虚值,并不能代表省级行政区城市间实际的经济关联强度,而是潜在经济关联强度或者称为绝对经济关联强度,也就是说即使两个城市间有良好的交通条件也不一定就会产生较紧密的经济联系,所以城市间的经济关联强度受多种因素影响和作用,当然其中也包括作为行为主体的政府行为。从图 6 – 11 中可以看出,经济关联度与各社会经济要素有较强的正相关关系,说明社会经济要素的空间集聚有利于提升城市间的经济联系,人口和产业在中心城市的集聚,不断提高中心城市的规模和经济实力,也相应地提高了中心城市的辐射带动作用,就像当代城市发展的时代特征"集聚 – 扩散 – 集聚"一样,集聚与扩散相互促进、相互制约。

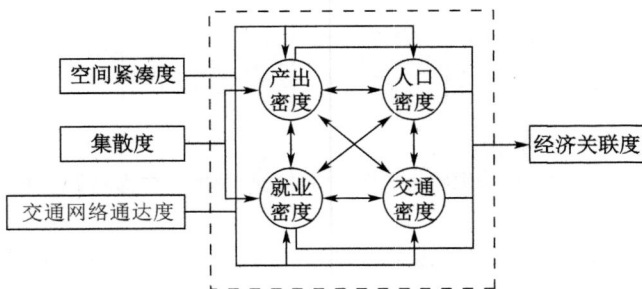

图 6 – 11　城市化空间结构对经济关联度的作用机制示意图

6.5　本 章 小 结

本章针对城市化空间结构对经济效率的影响机制进行探讨,引入了社会经济要素集散这一中间黑箱变量,结果显示城市化空间结构的演变确实能够对社会经济要素集散产生影响,而经济效率对社会经济要素集散也有较为明显的响应。

从作用机制来看,中心度与集散度对就业密度和产出密度的影响最为显著,但只有产出密度与劳动生产率有明显相关,这说明集聚经济对劳动生产率的提高有明显的促进作用,也进一步说明了我国的经济发展还需进一步的集聚以提高集聚效应和规模经济。中心度和集散度并没有通过对就业密度的影响而对劳动生产率产生作用,说明我国劳动力素质在一定程度上还需提高,同时也说明我国的经济发展依然有很大一部分依靠劳动密集型的加工制造产业,而不是有较高生产效率的资金密集型产业和技术密集型产业。

空间紧凑度和交通网络通达度对社会经济要素的影响比较全面,前者是对区域的综合衡量,后者是一种对区域基础设施的间接评价。我们之前已经得出空间紧凑度对经济效率的影响证明了城市化经济外部性的存在,而交通网络通达度对城市化经济外部性同样具有促进作用,因此可以说,空间紧凑度和交通网络通达度对经济效率的影响与中心度和集散度不同,前者是一种外生影响,即通过增加城市从城市以外所获得的利益或可能的潜在利益来增加经济效率,后者是通过内部结构的变化,通过社会经济要素集散传导而改变经济运行方式或经济联系方式,是一种内生影响。

首位城市规模对经济效率的正向影响已经非常明确,中国的发展实际,也确实符合本书的研究结论。首位城市规模的变化对本书选取的四个社会经济要素指标均有不同程度的影响,也进一步证明了首位城市在省级行政区社会经济发展中所起的举足轻重的作用和地位。但从第 3 章和第 5 章的结论来看,虽然单中心集聚依然具有效率,但这种效率在逐渐地减少,因此,在未来的发展中,在进一步增强首位城市综合实力的同时,也需有针对性地培养副中心城市和提升首位城市的辐射带动作用,逐渐培育区域内的多中心结构,缓解首位城市的压力,促进区域均衡和可持续发展。

第7章 基于空间自相关的经济效率空间集聚

7.1 空间自相关

空间自相关是指一些变量在同一个分布区内的观测数据之间潜在的相互依赖性。Tobler曾指出"任何东西与别的东西之间都是相关的,但近处的东西比远处的东西相关性更强"。空间自相关统计量是用于度量地理数据的一个基本性质:某位置上的数据与其他位置上的数据间的相互依赖程度,通常把这种依赖叫做空间依赖。地理数据由于受空间相互作用和空间扩散的影响,彼此之间可能不再相互独立,而是相关的。例如,视空间上互相分离的许多市场为一个集合,如市场间的距离近到可以进行商品交换与流动,则商品的价格与供应在空间上可能是相关的,而不再相互独立。实际上,市场间距离越近,商品价格就越接近、越相关。空间自相关分析在地理统计学科中的应用较多,一般用来分析各种要素在空间上的异质性和集聚性。空间自相关包括全局空间自相关和局部空间自相关。全局空间自相关表征指标为 Moran's I 指数,其值介于 -1 ~ 1,大于零表明空间要素存在正相关,呈集聚分布;小于零表明空间要素存在负相关,呈离散分布;等于零则表明空间要素不存在相关性。I 值越大空间要素相关性越大,局部空间自相关表征指标为 LISA (Local Moran's I)指数,其可更准确地表征空间要素异质性和集聚性特征。

本书即采用局部空间自相关探讨我国各地级行政区或各区域的经济效率是否存在较为明显的集聚特征。

7.2 劳动生产率在空间上的集聚特征

以全国地级行政区为数据统计单元,统计和计算各地级市的劳动生产率,计算 Local Moran's I 值,并应用 Arcgis 软件对全国地级行政区的劳动生产率进行空间自相关分析。

2000 年,我国劳动生产率呈现显著集聚特征的区域主要分布在我国东部沿海区域和西北内陆区域,中部区域的空间集聚特征较弱。从同质性区域来看,高高集聚多分布在东部沿海经济较发达的区域,主要包括黄渤海区域、苏南、江浙、上海、广州沿海一带,这些地区的城市普遍经济发达、劳动生产率高,在空间上集聚在一起,相互联系、相互促进。低低集聚则分布在甘肃西部、陕北、山西西部、陕甘南和黑龙江北部等西部及东北内陆经济相对较为落后的区域,这些城市普遍经济发展较为落后,劳动生产率偏低且彼此相邻,缺少核心城市的带动。由此可见,同质性区域的空间分异非常明显。

从异质性区域来看,出现高低集聚和低高集聚区域的空间分布同样规律性较强。高低集聚的地区主要包括甘肃庆阳、四川绵阳、云南玉溪和黑龙江大庆等,大部分分布在西部内陆的地级市,庆阳和大庆是典型的资源型城市,绵阳是我国重要的电子生产基地,而玉溪的财政收入仅次于西部成都、重庆、西安等省会城市或直辖市。虽然上述各市经济发展较为突出,但周边城市却非常落后,导致非常明显的高低集聚特征,说明上述城市在经济发展过程中并未出现明显经济扩散现象,反之对周边区域的空间剥夺较为强烈。相应的,低高集聚的地区主要包括安徽宿州、安徽黄山、福建宁德、江西抚州、广州清远、河源、揭阳等,大部分分布在东部沿海经济发达区域的地级市,而这些地级市的经济发展相比周边地市较为落后,呈现明显的低高集聚特征,说明这些城市在空间上处于被剥夺的地位。但有一点值得我们注意,高低集聚和低高集聚的地区并未出现在各省级行政区的省会城市或者首位城市,虽然通过前几章的统计和分析,我们发现各省级行政区首位城市或省会城市对各省级行政区的经济发展贡献非常大,所占比重非常高,但首位城市并未出现高低集聚特征,这说明无论东部、中部还是西部的首位城市或省会城市在极化发展的同时,伴随着对周边地区的辐射带动作用。

2005 年,具有集聚特征的区域依然同 2000 年一样,大部分分布在东部沿海和西部内部地区,但异质性区域的数量明显减少,低高集聚仅出现在广东省的河源、惠州等市,高低集聚仍然大部分分布在西部内陆,主要包括内蒙古自治区的呼包鄂城市群[①]、陕西的延安、四川的广安、云南的玉溪、思茅,以及黑龙江的大庆等市。特别需要指出的是内蒙古自治区的呼包鄂城市群,内蒙古自治区近年来经济发展迅猛,GDP 增速连年位于全国首位,这得益于呼包鄂城市群的快速发展。2008 年,

---

① 呼包鄂城市群,包括呼和浩特市、包头市和鄂尔多斯市三市,地处内蒙古中部,黄河中上游,位于土默川平原和鄂尔多斯高原,下辖 9 个市辖区、2 个矿区、15 个旗县、81 个建制镇、223 个乡镇,土地面积 13.17 万平方公里,占内蒙古自治区的 11.1%。2008 年,其 GDP 为 5 720 亿元,占内蒙古自治区总 GDP 的 59%,人口 667.92 万人,占全自治区总人口的 27.8%,人口城市化率为 65.6%,是内蒙古自治区政治、经济、科技、教育、文化、艺术的中心地带。其发展策略:以经济一体化为轴实行相应的一体化策略,进一步发展"呼包鄂"经济带,并使之带动整个内蒙古自治区经济总量的持续快速增长。积极培育呼和浩特—包头—鄂尔多斯城镇群,城镇化率达到 70% 以上,使其成为全区参与区域竞争的中坚力量,最终实现把呼和浩特建成现代化首府城市,包头发展成为中西部地区经济强市,鄂尔多斯建成国家重要的能源重化工业基地的宏伟目标。

呼包鄂城市群的 GDP 约占内蒙古自治区总 GDP 的 60%。但也应看到,呼包鄂城市群呈现了高低集聚特征而非高高集聚特征,说明城市群内部发展虽好,但对周边地区的空间剥夺也非常明显,在吸引了大量的生产要素的同时,也剥夺了周边城市的发展机会,随着经济的发展,未来应逐渐增强辐射带动作用,逐渐发展成为高高集聚区域。

呈现同质性集聚的高高集聚和低低集聚区域依然分别分布在东部沿海和西部内陆地区,但出现了同质性区域从东西向中原地区转移的趋势,原本无集聚特征的山西吕梁、运城、晋中,以及河南的南阳、平顶山、固口和焦作等市出现了明显的低低集聚特征。2005 年相比 2000 年,劳动生产率均出现了不同程度的增加,因此说明上述城市的经济发展较周边地区慢,从而形成了空间上的低低集聚。从实际的数据来看,上述城市的 GDP 和劳动生产率也确实比周边城市低,尤其比郑州、开封和洛阳等一体化区域低,但并未形成高低集聚,说明郑州、开封和洛阳等城市的发展对这些地区的剥夺作用不强,甚至存在辐射带动作用,出现这种情况的主要原因是中原城市群①的存在。建设城市群已成为我国带动区域发展的一个重大宏观战略,也是推动中国城镇化进程的一条主干途径。两个较为明显的高高集聚区域是珠三角城市群和长三角城市群。城市群是在城镇化过程中,在特定的城镇化水平较高的地域空间里,以区域网络化组织为纽带,由若干个密集分布的不同等级的城市及其腹地通过空间相互作用而形成的城市 - 区域系统。城市群的出现是生产力发展、生产要素逐步优化组合的产物。每个城市群一般以一个或两个经济比较发达、具有较强辐射带动功能的中心城市为核心,由若干个空间距离较近、经济联系密切、功能互补、等级有序的周边城市共同组成。发展城市群可在更大范围内实现资源的优化配置,增强辐射带动作用,同时促进城市群内部各城市自身的发展。城市群的特征表明,城市群比我国目前以行政区划为主要经济单元的区域划分要更有优势,城市群所引起的空间集聚,以及其所要求的区域内部经济联系紧密,表明了城市化经济外部性在促进劳动生产率上的重要作用,当然这种外部性存在正外部性和负外部性之分,高高集聚所带来的自然是正外部性,但高低集聚所导致的是核心区域对周边地区的剥夺,是显著负外部性影响。

2008 年,全国空间自相关的集聚分布格局与 2005 年变化不大,只是同质性集聚在中部地区的分布有了较为明显的扩张,山东西部、石家庄及安徽北部等地区出

---

① 中原城市群以郑州为中心,洛阳为副中心,包括开封、平顶山、新乡、焦作、许昌、漯河、济源、巩义、新密、禹州、新郑、偃师、荥阳、登封、舞钢、汝州、辉县、卫辉、沁阳、孟州、长葛等 23 个城市,34 个县城,374 个建制镇,土地面积 5.87 万平方公里,人口 3 950 万,分别占全省土地面积和总人口的 35.3% 和 40.3%。2008 年实现地区生产总值 10 568 亿元,位居中部地区第一位,二、三产业增加值 GDP 比重 89.7%,人均地区生产总值 21 470.3 元,地方一般预算财政收入 544.30 亿元,规模以上工业增加值 3 431.19 亿元。在中国 15 个城市群中综合实力名列第 7 位,位列中国中西部第一位。中原城市群的形成为中原经济区建设打下了坚实的基础并提供了有力支撑。

现了微弱的高高集聚态势。

通过将以上空间自相关的分析结果与第 3 章各城市化空间结构指标在全国的空间分布情况进行对比可以发现：

(1)无论劳动生产率的同质性集聚还是异质性集聚一般都分布在集聚程度相对较高的区域。这说明集聚程度较高的区域,由于经济要素和生产要素在空间上的集中程度较高,导致集聚经济的存在,进而促使劳动生产率易于获得正的经济外部性,从而得到大幅的提升。

(2)空间紧凑度对高高集聚具有一定的促进作用。对比分析空间紧凑度和劳动生产率空间自相关的空间分布图,高高集聚多分布在空间紧凑度较高的区域。2008 年,河南省空间紧凑度指标在全国排前列,而该地区的劳动生产率集聚态势也由原来的相对均衡变为同质性集聚,同质性集聚具有相互间的促进作用,即我们常说的正的城市化经济外部性。因此,空间紧凑度在促进城市间经济联系的基础上,使城市获得正的经济外部性。

(3)首位城市的空间极化产生了"跳跃剥夺"。一般来说,首位城市在空间上的极化作用较强,空间剥夺能力也较强,但从空间自相关的分布来看,异质性集聚并未发生在各省级行政区的首位城市上,说明首位城市在极化的同时也存在一定程度的辐射带动能力,说明中心城市的溢出作用,会给周边地区带来一定的正外部性,空间剥夺现象有可能会出现"跳跃剥夺",即中心城市对周边地区的极化作用被一部分带动作用抵消,而中心城市对全省乃至跨省级行政区的其他地区仍存在较为明显的剥夺作用,但带动作用无法辐射到这些被剥夺的地区。首位城市对这些被"跳跃剥夺"的地区产生的是负外部性。

7.3　投资产出率在空间上的集聚特征

以全国地级行政区为数据统计单元,统计和计算各地级市的投资产出率,计算 Local Moran's I 值,并应用 Arcgis 软件对全国地级行政区的投资产出率进行空间自相关分析。

由于在第 5 章的统计分析中,2008 年的城市化空间结构对投资产出率的影响系数出现了与空间结构对劳动生产率影响系数相似的情况,加之社会经济要素集聚与投资产出率没有相关性,因此本书尝试对投资产出率进行了空间自相关,旨在找到一些有价值的结论依据。2000 年,投资产出率的同质性集聚特征多分布在我国经济较发达的南部和经济欠发达的西北部地区,南部为高高集聚,西北为低低集聚,中部区域以异质性集聚为主,多为低高集聚,说明 2000 年时,我国资金多集中在东南经济发达区域。2005 年,集聚区域出现了明显地减少,均衡分布态势明显,投资产出率的高值区域由东南逐渐向中部转移。2008 年,全国投资产出率的集聚特征更加不明显,高值区域进一步向北和西北转移,这与我国资金的"南资北移西进"有着密切的关系。

一段时期以来,长三角和珠三角的经济增长放缓,导致大量资金(国外资金、港商、台商等)逐渐北移,由南部和沿海朝向内陆持续发展。2005—2006年,大量资金注入淮海地区和环渤海地区,并越来越关注经济欠发达的苏北地区和鲁南地区。随着东北振兴和西部大开发战略的制定,新一轮的南资北移西进开始,欠发达地区优越的环境、廉价的劳动力和优惠的政策成为开发商投资的首选。因此,资金的南资北移西进是一种投资导向和政策指引的产物,而非在城市化空间结构演变规律下产生社会经济要素集散,进而影响投资产出率的空间响应。第三节社会经济要素和投资产出率无明显相关也印证了这一结论的可靠性。因此,第4章的计算结果本书只能认为是一次统计学上的意外,尚未找到其他合理的解释。

7.4 本章小节

为进一步深入探讨经济效率的空间集聚特征,本章运用空间自相关方法,以全国地级行政区为研究单位,分析经济效率指标是否存在空间依赖性。

从劳动生产率在空间上的集聚特征来看,我国东部沿海区域和西北部内陆区域呈现较为显著的空间集聚特征,而中部地区空间集聚特征较弱。需要进一步辨析的是,东部沿海区域的劳动生产率空间集聚为高高集聚,即区域劳动生产率均较高,而西北部区域的空间集聚为低低集聚,即区域劳动生产率均较低。异质性集聚区域分布依然存在一定的规律性,高低集聚的地区主要包括甘肃庆阳、四川绵阳、云南玉溪和黑龙江大庆等内陆城市,并具有很强的资源指向性;低高集聚的地区主要包括安徽宿州、安徽黄山、福建宁德、江西抚州及广东清远、河源、揭阳等,大部分分布在东部沿海经济发达区域。从投资产出率在空间上的集聚特征来看,投资产出率的空间集聚特征不如劳动生产率的空间集聚特征明显,总体呈现南部为高高集聚,西北部为低低集聚的空间格局。2008年以后,高值区域进一步向北部和西北部转移,这与我国资金的"南资北移西进"有着密切的关系。

第8章 哈长城市群空间
经济效率测度及时空分异

《中华人民共和国国民经济和社会发展第十三个五年规划纲要》提出了"坚持以人的城镇化为核心、以城市群为主体形态……"。作为推进新型城镇化的重要举措,国家主体功能区划也把城市群视为优化开发区和重点开发区,说明城市群发展已经成为我国重要的空间战略。城市群是城市发展到成熟阶段的一种高级空间组织形式,是区域内一定数量的不同性质、不同类型和不同规模的城市,以一个或多个特大城市为核心,彼此联系紧密,相对完整的城市集合体。据不完全统计,我国有大小不等、发展发育阶段各异的城市群 20 余个,这些城市群占全国不到 22% 的空间,集中了全国约 50% 的人口和约 80% 的经济总量。

城市群在发展过程中,尤其是跨省级行政区城市群由于个体利益诉求与城市群整体发展目标不一致而导致空间经济效率难以达到较高水平,以及行政壁垒导致空间极化严重、竞争大于合作、空间资源难以优化配置等问题存在,阻碍了城市群的整体健康发展。因此,对跨省级行政区城市群的空间经济效率进行测度和优化研究,能进一步推动城市群的经济发展。

8.1 哈长城市群概况

哈长城市群规划范围包括黑龙江省哈尔滨市、大庆市、齐齐哈尔市、绥化市、牡丹江市,吉林省长春市、吉林市、四平市、辽源市、松原市、延边朝鲜族自治州。哈长城市群是东北地区城市群的重要组成区域,处于全国"两横三纵"城市化战略格局京哈京广通道纵轴北端,在推进新型城镇化建设、拓展区域发展新空间中具有重要地位。《国家新型城镇化规划(2014—2020 年)》和《全国主体功能区规划》提出加快培育哈长城市群,推动产业集群发展和人口集聚,形成带动区域经济发展和对外开放的新增长极。哈长城市群面积约262 641 km²,截至 2017 年底人口总量约4 753万人,经济总量达 2.61 万亿元人民币。城市群所处区域为东北平原北部、中部,气候类型为温带季风气候,是我国面向东北亚地区和俄罗斯对外开放的重要门户,全国重要的能源、装备制造基地,区域性的原材料、石化、生物、高新技术产业和农产品加工基地,带动东北地区发展的重要增长极。

8.2 哈长城市群空间结构的定量测度及特征

8.2.1 指标选取

本书选取分散度、城市规模基尼指数及空间相互作用指数为哈长城市群的空间结构测度的指标。

1. 分散度

从人口的角度通过分散度指标反映哈长城市群空间结构的集散状况。其计算公式为

$$D_i = 1 - \sum S_i/S \tag{8-1}$$

式中,D_i 代表分散度,S 为城市群的总人口规模;S_i 为该城市群内 i 城市市辖区的人口规模。分散度数值的大小反映了人口分布的集中分散程度,即数值越大,说明人口在城市群内的分布越趋于分散,无明显的中心城市;数值越小,说明人口更趋向于城市群内的一个或多个中心城市集中分布。

2. 城市规模基尼指数

城市规模基尼指数是马歇尔在研究不同规模城市的发展成长状况时提出的。本书选取该指标来测度哈长城市群的发展规模,从而反映其空间结构。城市规模基尼指数公式为

$$G = T/2S(n-1) \tag{8-2}$$

式中,n 为一个城市群包括的城市数量,S 是区域总人口,T 是这 n 个城市之间人口规模之差的绝对值总和。基尼指数趋近于 0,说明城市之间的规模较为均衡且人口分散;趋近于 1,说明城市之间的规模差距较大且人口集中。

3. 空间相互作用指数

空间相互作用理论强调城市间的相互作用是城市群空间结构外在形态产生和发展的内在动力,城市之间联系的紧密程度决定了城市群在空间上呈现集聚与扩散、差距与均衡的空间格局。城市群的空间相互作用指数反映哈长城市群内各个城市联系的紧密程度。其测算公式为

$$I = \frac{\sum\limits_{i,j=1}^{n} \dfrac{\sqrt{P_i \cdot \mathrm{GDP}_i} * \sqrt{P_j \cdot \mathrm{GDP}_j}}{D_{ij}^2}}{1 + 2 + \cdots + n - 1} \tag{8-3}$$

式中,P_i,P_j 为城市群内第 i,j 市辖区的总人口;GDP_i,GDP_j 为城市群内第 i,j 市辖区地区生产总值;D_{ij} 为两城市之间的距离,n 为城市群内包含城市的数量。空间相互作用指数越高说明城市间空间联系越紧密,反之则越松散。

8.2.2　哈长城市群空间分布特征

应用式(8-1)～式(8-3)分别测算哈长城市群及内部各市(州)的分散度、城市规模基尼指数和空间相互作用指数,所得结果见表8-1、表8-2、表8-3。

表8-1　研究区域空间结构的测度结果

年份	哈长城市群黑龙江省部分			哈长城市群吉林省部分			哈长城市群		
	分散度	城市规模基尼指数	空间相互作用指数	分散度	城市规模基尼指数	空间相互作用指数	分散度	城市规模基尼指数	空间相互作用指数
2008	0.657	0.324	4.363	0.650	0.357	3.742	0.654	0.336	2.590
2009	0.653	0.323	4.545	0.647	0.358	3.927	0.653	0.336	2.916
2010	0.646	0.328	4.934	0.646	0.358	4.229	0.646	0.336	3.545
2011	0.646	0.323	5.451	0.644	0.359	4.642	0.645	0.335	4.383
2012	0.655	0.327	5.408	0.645	0.358	4.872	0.649	0.337	4.560
2013	0.651	0.320	5.594	0.620	0.369	5.207	0.643	0.340	5.051
2014	0.650	0.328	5.665	0.633	0.363	5.344	0.641	0.339	5.051
2015	0.650	0.343	5.893	0.594	0.364	6.135	0.622	0.345	5.490
2016	0.619	0.319	6.170	0.574	0.364	6.392	0.598	0.335	5.989
2017	0.631	0.352	6.678	0.601	0.365	6.623	0.618	0.352	6.015
平均值	0.646	0.329	5.470	0.625	0.361	5.111	0.637	0.339	4.559
最大值	0.657	0.352	6.678	0.650	0.369	6.623	0.654	0.352	6.015
最小值	0.619	0.319	4.363	0.574	0.357	3.742	0.598	0.335	2.590
标准差	0.011	0.010	0.675	0.026	0.004	0.968	0.017	0.005	1.147

表8-2　2008—2017年研究区域各城市分散度和城市规模基尼指数平均值变化情况的测度

年份	哈长城市群黑龙江省各城市		哈长城市群吉林省各城市		哈长城市群各城市	
	分散度平均值	城市规模基尼指数平均值	分散度平均值	城市规模基尼指数平均值	分散度平均值	城市规模基尼指数平均值
2008	0.669	0.369	0.685	0.311	0.678	0.337
2009	0.667	0.385	0.681	0.320	0.675	0.350
2010	0.654	0.383	0.678	0.319	0.667	0.348

表 8 - 2（续）

年份	哈长城市群 黑龙江省各城市		哈长城市群 吉林省各城市		哈长城市群各城市	
	分散度 平均值	城市规模基尼 指数平均值	分散度 平均值	城市规模基尼 指数平均值	分散度 平均值	城市规模基尼 指数平均值
2011	0.645	0.394	0.676	0.319	0.662	0.353
2012	0.662	0.378	0.681	0.315	0.672	0.343
2013	0.658	0.378	0.664	0.320	0.661	0.346
2014	0.658	0.382	0.673	0.330	0.666	0.353
2015	0.655	0.373	0.653	0.344	0.654	0.357
2016	0.622	0.415	0.647	0.348	0.636	0.379
2017	0.649	0.392	0.660	0.328	0.655	0.357

表 8 - 3 2008—2017 年研究区域各城市分散度和城市规模基尼指数标准差变化情况的测度

年份	哈长城市群 黑龙江省各城市		哈长城市群 吉林省各城市		哈长城市群各城市	
	分散度 标准差	城市规模基尼 指数标准差	分散度 标准差	城市规模基尼 指数标准差	分散度 标准差	城市规模基尼 指数标准差
2008	0.126	0.120	0.129	0.123	0.13	0.13
2009	0.123	0.103	0.124	0.142	0.12	0.13
2010	0.122	0.116	0.123	0.145	0.12	0.14
2011	0.150	0.131	0.120	0.146	0.14	0.14
2012	0.127	0.118	0.115	0.164	0.12	0.15
2013	0.127	0.117	0.138	0.166	0.13	0.15
2014	0.131	0.119	0.123	0.174	0.13	0.15
2015	0.135	0.119	0.148	0.181	0.14	0.16
2016	0.143	0.123	0.154	0.189	0.15	0.17
2017	0.154	0.138	0.143	0.174	0.15	0.16

8.2.3 哈长城市群分散度特征

从总体上看,2008—2017 年哈长城市群分散度从 2008 年的 0.654 下降至 2007 年的 0.618,由此可见哈长城市群分散度的数值呈现下降趋势,黑龙江省部分和吉林省部分也是如此,表明哈长城市群处于人口向中心城市缓慢集聚的状态。从速度来看,黑龙江省10年间的分散度从0.657下降到0.631,而吉林省则是从0.650下降到0.601,表明吉林省的空间集聚速度快于黑龙江省;从集聚程度来看,同年份时黑龙江省部分的分散度均大于吉林省部分的分散度,例如黑龙江省2017年的分散度为0.631,大于吉林省的0.601,说明吉林省的人口空间集聚程度更高。

从城市群内部看,2008—2017年10年间哈长城市群各城市的分散度的平均值大体可以分为三个区间:第一个区间范围是0~0.5,在此区间的城市有大庆与长春;第二个区间范围是0.5~0.7,在此区间的城市有哈尔滨、牡丹江、吉林及辽源,辽源的平均值为0.599;第三个区间范围是0.7~1,在此区间的城市有齐齐哈尔、绥化、松原、延边、四平。由此可见分散度小于0.5的城市仅有大庆与长春,说明二者的人口趋向于市中心集中分布。分散度趋近于1的城市有齐齐哈尔、绥化、松原、延边、四平,说明这些城市内部的人口分布相对分散。数据显示2008—2017年10年间各个城市的分散度标准差处于0~0.05。而11个城市中松原市的波动最小,长春市的波动最大,表明长春市近年来是城市群中处于人口集聚逐渐增强的突出城市。从变化趋势看,长春市的分散度变化最大,这可能与长春市近年撤市变区等行政区划调整有关。

从总体变化趋势上看,2008—2017年10年间哈长城市群各城市的分散度平均值从2008年的0.678下降至2017年的0.655,10年间哈长城市群各城市的标准差从2008年的0.13上升为2017年的0.15,说明10年间哈长城市群空间结构有较大变化且整体呈现为各城市人口向城市中心集聚的状态。

从地区变化趋势上看,2008—2017年10年间黑龙江省部分和吉林省部分的分散度平均值也是下降的,黑龙江省部分各城市分散度平均值从2008年的0.669下降至2017年的0.649,吉林省部分各城市分散度平均值从2008年的0.685下降至2017年的0.660。上述数据显示黑龙江省部分城市分散度平均值普遍高于吉林省部分各城市分散度平均值,侧面说明了吉林省各城市的人口空间集聚程度更高。

8.2.4 哈长城市群城市规模差异特征

从总体上看,2008—2017年10年间哈长城市群城市规模基尼指数的数值呈现上升趋势,说明城市群内部的城市规模差异在逐渐扩大。尽管吉林省部分的分散度低于黑龙江省,但吉林省的城市规模基尼指数总体高于黑龙江省,说明吉林省部分的中心城市规模远大于其他城市。黑龙江省和吉林省的城市规模基尼系数均值分别为0.329和0.361,由此可见吉林省较黑龙江省的城市规模更大,这也与上述的哈长城市群的整体状况吻合。

从城市群内部看,为了更好地体现哈长城市群内的城市规模基尼系数的差异性,将其大体分为三个区间,第一个区间为0.55~1,第二个区间为0.4~0.55,第三个区间为 0~0.4,三个区间分别代表城市规模的集聚、均衡和分散。数据显示哈尔滨和延边的平均值处于第一个区间,虽然二者城市规模基尼系数都在 0.55 以上,但是根据基础数据分析可知两者处于集聚的原因不同,延边所辖的各州县人口最高 48 万,最低 12 万,由此可见哈尔滨和延边州的城市规模基尼指数较高。但二者处于不同的集聚状态,哈尔滨属于高人口量集中型,延边则属于低人口量集中型。处于均衡区间的城市有大庆市和长春市,其他城市则处于分散状态。2008—2017 年间哈长城市群各个城市的城市规模基尼系数标准差处于 0~0.04,数据显示 11 个城市中延边和大庆的波动最大,松原波动最小。数据表明大庆和延边的城市规模近年来逐渐增强。

从总体变化趋势上看,2008—2017 年 10 年间哈长城市群各城市的城市规模基尼指数平均值从 2008 年的 0.337 上升至 2017 年的 0.357,10 年间哈长城市群各城市的标准差从 2008 年的 0.13 上升为 2017 年的 0.16,说明哈长城市群这 10 年间哈长城市群空间结构有较大变化且整体呈现为各城市的城市规模扩大的状况。

从地区变化趋势上看,2008—2017 年 10 年间黑龙江省部分和吉林省部分的城市规模基尼指数平均值是上升的,黑龙江省部分各城市的城市规模基尼指数的平均值从 2008 年的 0.369 上升至 2017 年的 0.392,吉林省部分各城市分散度平均值从 2008 年的 0.311 上升至 2017 年的 0.328。上述数据显示黑龙江省部分各城市平均值普遍高于吉林省部分各城市平均值,而黑龙江省的整体城市规模基尼指数低于吉林省城市规模基尼指数说明了吉林省中心城市规模较黑龙江省要大,但吉林省内部各城市的规模同样差异较大。

8.2.5 哈长城市群空间相互作用特征

从总体上看,哈长城市群内部空间相互作用指数总体呈现上升特征,从 2008 年的 2.590 上升至 2017 年的 6.015,尤其是在 2011 年及 2013 年明确提出打造哈长城市群以后,城市群空间联系愈发紧密,说明城市群发育发展较好。

从两省变化趋势上看,2008—2017 年 10 年间黑龙江省的空间相互作用指数从 2008 年 4.363 上升至 2017 年 6.678,吉林省的空间相互作用指数从 2008 年的 3.742 上升至 2017 年 6.623,说明黑龙江省城市间的空间联系比吉林省的城市间空间联系更紧密一些;黑龙江省和吉林省 10 年来空间相互总用指数均值为 5.470 和 5.111,而城市群总体的指数均值为 4.559,吉林省和黑龙江省各自空间相互作用指数均大于哈长城市群整体,说明在行政壁垒的作用下,城市群内部还需进一步增强联系。2008—2017 年 10 年间哈长城市群的空间相互作用指数的标准差为 1.147,黑龙江省部分的空间相互作用指数的标准差是 0.675,吉林省部分的空间相互作用指数标准差是 0.968,说明吉林省 10 年来各个城市间的空间联系变化波动较黑龙江各个城市间空间联系的波动要大。

综上所述,通过上述分析结果可以看出:

(1)哈长城市群总体的空间结构处于逐年缓慢集聚的状态。

(2)区域内各个城市的差异较为明显,经济相对发达的城市集聚程度更高、规模更大。例如黑龙江省的哈尔滨市的城市规模较大,为城市群中的高水平集中型城市,大庆市的集聚度高但整体规模稍弱,吉林省的长春市近年来人口集中趋势也愈发显著。

(3)两省内各城市的联系紧密度差异明显,黑龙江省城市间的联系紧密度较强;吉林省除长春外其他城市则处于较为分散的状态,城市间的联系紧密度较黑龙江省弱。由此可见黑龙江省和吉林省两省间差异较大对整体城市群的空间状况也有一定影响。

8.3　哈长城市群经济效率的定量测度及特征

8.3.1　指标选取

投资生产率反映城市群的资本投资产出效率,经济密度反映城市群的经济发达度,劳动生产率反映城市群的人均劳动产出状况。本书选取这三个指标对哈长城市群的经济效率进行表征。

1. 投资生产率

投资生产率是指一定时期内投资量创造出的产出,产出越多,投资产出率越高。其测算公式为

$$投资生产率 = 全市 GDP / 全市固定资产投资 \qquad (8-4)$$

2. 经济密度

经济密度是指区域国民生产总值与区域面积之比,用于表达单位面积土地上经济的效益水平。它表征了城市单位面积上经济活动的效率和土地利用的密集程度。其计算公式为

$$经济密度 = 市辖区的总产值 / 市辖区面积 \qquad (8-5)$$

3. 劳动生产率

劳动生产率是指劳动者在一定时期内创造的劳动成果与其相适应的劳动消耗量的比值,劳动生产率水平可以用同一劳动在单位时间内生产某种产品的数量来表示,单位时间内生产的产品数量越多,劳动生产率就越高。也可以用生产单位产品所耗费的劳动时间来表示,生产单位产品所需要的劳动时间越少,劳动生产率就越高。

一个区域的劳动生产率状况反映着该区域的社会发展力水平,其计算公式为

$$劳动生产率 = 全市生产总值 / 全市就业人员 \qquad (8-6)$$

8.3.2 哈长城市群经济效率的特征

应用式(8-4)、式(8-5)和式(8-6)对哈长城市群投资生产率、经济密度和劳动生产率指标进行计算,所得结果见表8-4、表8-5、表8-6。

表8-4 研究区域经济效率的测度结果

年份	哈长城市群 黑龙江省部分			哈长城市群 吉林省部分			哈长城市群		
	投资 生产率	经济 密度	劳动 生产率	投资 生产率	经济 密度	劳动生 产率	投资 生产率	经济 密度	劳动生 产率
2008	2.73	2 061.7	14.99	1.29	2 694.2	15.44	1.80	2 247.5	15.19
2009	2.01	2 215.2	15.16	1.15	3 007.4	16.31	1.48	2 455.2	15.69
2010	1.77	2 750.0	18.71	1.22	3 430.0	18.71	1.46	3 005.1	18.71
2011	1.95	3 315.8	20.46	1.64	4 126.4	20.30	1.79	3 619.9	20.39
2012	1.65	3 485.8	20.57	1.45	4 560.3	21.71	1.55	3 807.5	21.11
2013	1.39	3 665.0	20.94	1.50	5 022.2	19.79	1.44	4 088.2	20.36
2014	1.69	3 657.3	23.58	1.32	5 052.6	20.72	1.49	4 097.8	22.10
2015	1.60	3 121.6	23.07	1.19	5 503.5	18.20	1.37	3 862.2	20.36
2016	1.49	3 110.5	23.80	1.14	5 102.6	20.39	1.29	3 779.3	21.95
2017	1.45	3 267.7	24.65	1.26	5 397.5	21.49	1.35	4 069.1	22.94
平均值	1.77	3 065.0	20.59	1.32	4 389.7	19.31	1.50	3 503.2	19.88
最大值	2.73	2 061.7	24.65	1.64	2 694.2	21.71	1.80	2 247.5	22.94
最小值	1.39	3 665.0	14.99	1.14	5 503.5	15.44	1.29	4 097.8	15.19
标准差	0.37	531.5	3.26	0.16	970.0	2.01	0.16	651.9	2.48

表8-5 2008—2017年研究区域各城市经济效率平均值变化情况的测度结果

年份	哈长城市群 黑龙江省各城市			哈长城市群 吉林省各城市			哈长城市群各城市		
	投资 生产率 平均值	经济 密度 平均值	劳动生 产率 平均值	投资 生产率 平均值	经济 密度 平均值	劳动 生产率 平均值	投资 生产率 平均值	经济 密度 平均值	劳动 生产率 平均值
2008	3.38	1 624.53	15.01	1.30	2 533.32	15.89	2.24	2 120.23	15.49
2009	2.15	1 765.32	14.73	1.13	2 912.41	16.53	1.59	2 391.01	15.71

表 8 - 5（续）

年份	哈长城市群 黑龙江省各城市			哈长城市群 吉林省各城市			哈长城市群各城市		
	投资生产率平均值	经济密度平均值	劳动生产率平均值	投资生产率平均值	经济密度平均值	劳动生产率平均值	投资生产率平均值	经济密度平均值	劳动生产率平均值
2010	1.90	2 211.39	18.33	1.22	3 250.70	19.38	1.53	2 778.29	18.90
2011	2.15	2 677.23	20.91	1.63	3 924.22	20.45	1.87	3 357.40	20.66
2012	1.91	2 841.48	21.96	1.49	4 392.02	21.74	1.68	3 687.23	21.84
2013	1.57	2 990.48	21.96	1.52	4 811.98	20.33	1.54	3 984.02	21.07
2014	2.03	2 967.78	23.25	1.34	4 719.02	21.07	1.66	3 923.00	22.06
2015	2.21	2 446.78	22.59	1.22	5 045.21	19.05	1.67	3 864.10	20.66
2016	2.02	2 400.26	23.15	1.14	4 863.68	20.16	1.54	3 743.94	21.52
2017	1.99	2 485.26	23.93	1.27	5 032.77	21.02	1.60	3 874.81	22.34

表 8 - 6　2008—2017 年研究区域各城市经济效率标准差变化情况的测度结果

年份	哈长城市群 黑龙江省各城市			哈长城市群 吉林省各城市			哈长城市群各城市		
	投资生产率标准差	经济密度标准差	劳动生产率标准差	投资生产率标准差	经济密度平均值	劳动生产率标准差	投资生产率标准差	经济密度标准差	劳动生产率标准差
2008	1.29	1 433.20	6.81	0.32	1 076.31	6.18	1.37	1 330.53	6.49
2009	0.47	1 438.75	5.18	0.22	1 215.14	6.57	0.62	1 439.63	6.05
2010	0.52	1 870.20	7.41	0.29	1 529.41	7.49	0.53	1 770.18	7.47
2011	0.76	2 359.11	9.19	0.28	1 863.08	7.15	0.61	2 192.85	8.14
2012	0.62	2 436.06	9.53	0.21	2 176.70	7.90	0.51	2 424.44	8.68
2013	0.60	2 478.55	11.36	0.21	2 609.62	6.96	0.44	2 707.32	9.26
2014	1.24	2 404.63	9.61	0.20	2 749.36	6.34	0.92	2 740.76	8.07
2015	1.61	1 684.50	5.11	0.19	3 083.53	5.34	1.20	2 854.83	5.53
2016	1.31	1 543.64	3.30	0.16	2 655.83	5.10	1.00	2 536.73	4,62
2017	1.29	1 752.71	3.41	0.09	2 660.89	5.36	0.94	2 620.57	4.80

8.3.3 哈长城市群投资生产率特征

从总体上看,2008—2017 年 10 年间哈长城市群投资生产率的数值呈现下降趋势。这与近年来哈长城市群乃至东北地区的经济发展滞缓相吻合,同时也表明地方经济发展与房地产开发关系更为密切。吉林省部分投资生产率呈现波动变化,但总体变化趋势很小,黑龙江省部分投资生产率下降特征明显,从 2008 年的 2.73 下降至 2017 年的 1.45,表明黑龙江省部分经济发展活力下降,对房地产开发等固定资产投资依赖度更高。黑龙江省和吉林省投资生产率的标准差分别为 0.37 和 0.16,可见黑龙江省的波动较吉林省明显。但二者历年结果均呈下降趋势,城市群整体的波动也并不明显,说明总体上城市群的产出受投资影响不大,空间分布上也没有具体规律。

从城市群内部看,哈长城市群各城市投资生产率 10 年来均值最高的城市是大庆,数值为 3.74,均值最低的城市是延边,数值为 1.13。黑龙江省投资生产率的最大值是 2.73,对应年份是 2008 年,而吉林省则为 1.64,对应年份为 2011 年,说明两省近年的投资对总体产出影响并不明显。黑龙江省的投资生产率均值是 1.77,吉林省为 1.32,说明城市群内不仅城市间的投资生产率差异明显,两省间差异也是如此。哈长城市群各城市投资生产率总体呈上升趋势的城市有大庆、辽源、延边,其余城市均呈下降趋势。大庆市历年固定资产投资呈现下降趋势,说明大庆市近年来在维持石油总量产出的基础上,大力促进产业转型升级效果显著,旅游业、高端制造业均有长足发展。辽源和延边在固定资产投资逐年提高的情况下,依然保持了投资生产率的持续增长,说明地方经济发展活力较好。

从总体变化趋势上看,2008—2017 年 10 年间哈长城市群各个城市的投资生产率平均值从 2008 年的 2.24 下降到 2017 年的 1.60,说明哈长城市群近年各城市的投资对经济的拉动并不显著。2008—2017 年 10 年间哈长城市群各个城市的投资生产率的标准差从 2008 年的 1.37 下降到 2017 年的 0.94,说明哈长城市群近年各个城市的投资生产率差距逐渐缩小。

从地区变化趋势看,2008—2017 年 10 年间黑龙江省部分和吉林省部分的投资生产率平均值是下降的,黑龙江省部分各城市的投资生产率的平均值从 2008 年的 3.38 下降至 2017 年的 1.99,吉林省部分各城市投资生产率平均值从 2008 年的 1.3 下降至 2017 年的 1.27,再一次说明两省近年的投资并未对产出产生显著的影响。2008—2017 年哈长城市群黑龙江省部分各城市投资生产率总体呈上升趋势的城市有大庆、辽源、延边,其余城市整体呈下降趋势。基础数据显示,除大庆市外其余城市的历年固定资产投资均呈上升趋势,说明大庆市的投资生产率的提高是由于投资的减少导致,辽源和延边的升高则表明近年两城市相较于投资来说其产出有较明显的提升。

8.3.4　哈长城市群经济密度特征

从总体上看,2008—2017 年哈长城市群、黑龙江省部分和吉林省部分的经济密度整体呈现波动上升趋势,尤其是 2013 年后,经济密度增长速度放缓,甚至出现了负增长,其与经历了一轮东北老工业基地振兴的快速经济发展,而后出现经济发展放缓有直接关系。

从城市群内部看,黑龙江省的经济密度最大值出现在 2013 年,吉林省则出现在2015 年,考虑到这两年黑龙江的哈尔滨和吉林的长春行政区划发生变动,市辖区面积有所扩大,故可能导致随后年份经济密度有所下降,但是总体仍处于上升态势,表明经济效率仍处于缓慢上升状况。哈长城市群各城市的经济密度历年均值在前三位的是辽源、长春与哈尔滨,最低值对应的城市是绥化。辽源经济密度高可能与其本身所辖面积较小有关,相比来说长春、哈尔滨的经济密度较高一定程度上反映了其在区域内的经济状况较好。基础数据显示辽源市 10 年间经济密度均值为 7 489.0,绥化市10 年间经济密度均值为 358.1,说明城市群内城市间的经济密度差异明显。

从总体变化上看,2008—2017 年哈长城市群各个城市的经济密度均值呈上升趋势,从 2008 年的 2 120.23 上升到 2017 年的 3 874.81,说明哈长城市群整体经济效率处于上升态势,2008—2017 年哈长城市群的各个城市的标准差逐渐增大,说明哈长城市群内各个城市的经济差距有逐年扩大趋势。

从地区变化趋势看,2008—2017 年黑龙江省和吉林省的各个城市的经济密度均值整体呈现波动上升趋势,黑龙江省部分各个城市平均值从 2008 年的 1 624.53上升至 2017 年的 2 485.26,吉林省部分各个城市的平均值从 2008 年的 2 533.32 上升至 2017 年的 5 032.77,对比来看吉林省的增速较黑龙江省要快,且整体上吉林省的经济密度均值较黑龙江省大,说明近年来吉林省的经济状况上升速度较黑龙江省更快一些。

8.3.5　哈长城市群劳动生产率特征

从总体上看,2008—2017 年哈长城市群近 10 年的劳动生产率呈现上升特征,黑龙江省部分从 14.99 上升至 24.65,吉林省部分从 15.44 上升至 21.49,黑龙江省部分的增速较吉林省部分稍快,说明哈长城市群的劳动效率近年在逐步提升,且黑龙江省部分的劳动效率要优于吉林省部分。

从城市群内部看,哈长城市群各城市的劳动生产率均值处于前三位的城市是大庆、吉林及松原,而劳动生产率均值最低的城市是延边。黑龙江省的劳动生产率均值为 20.59,吉林省部分均值为 19.31,可见黑龙江省的劳动效率略高于吉林省,城市群整体效率值处于两省之间。

从总体变化上看,2008—2017 年哈长城市群 10 年间各城市的劳动生产率的平均值呈现上升趋势,从 2008 年的 15.49 上升至 2017 年的 22.34,说明哈长城市群的经济状况呈上升状态。2008—2017 年哈长城市群 10 年间各个城市的劳动生产率标准差呈下降趋势,从 2008 年的 6.49 下降至 2017 年的 4.80,说明哈长城市群各个城市间的劳动生产率差异逐渐缩小,从侧面反映了城市群内部城市经济状况处于均衡发展的态势。

从地区变化趋势上看,2008—2017 年 10 年间黑龙江省部分和吉林省部分的平均值也处于上升趋势,黑龙江省部分的平均值从 2008 年的 14.73 上升至 2017 年的23.93,吉林省部分的平均值从 2008 年的 16.53 上升至 2017 年的 21.02,黑龙江省部分的各个城市劳动生产率近年间明显高于吉林省部分各个城市的劳动生产率,说明黑龙江省的劳动效率较吉林省要更优。

综上所述,通过上述结果分析可以看出:

(1)劳动生产率和经济密度在空间分布和时间变化等方面均有较强的规律性,劳动生产率与经济密度的空间分布规律和变化趋势明显。从哈长城市群的劳动生产率和经济密度的两者总体历年变化趋势来看,二者的变化趋势较为一致,均呈现上升态势。略有差异的是哈长城市群黑龙江省部分的劳动生产率要优于吉林省部分,而吉林省部分的经济密度要优于黑龙江省部分,这说明哈长城市群吉林省部分的经济体量要更好,但劳动效率还是黑龙江省更优。从哈长城市群 10 年间各城市劳动生产率和经济密度的空间分布中可以看出,劳动生产率和经济密度在空间上各城市的分布也基本呈上升态势。这说明劳动生产率和经济密度对区域经济发展有正向的影响,这与经济发展实际是相符的。

(2)投资产出率的时空演变规律性不强且投资产出率的分布特征和变化特征较为混乱,说明哈长城市群的经济产出受投资的影响不大,主要原因可能与各地实行的经济发展政策、财政政策及投资环境建设等政府行为有较为密切的关系。

8.4 哈长城市群空间经济效率的测度及特征

8.4.1 时间维度下的哈长城市群空间经济效率

采用传统 DEA 模型对哈长城市群空间经济效率进行测算,结果见表 8 – 7所示。

表 8 – 7　2008—2017 年研究区域的空间经济效率及投入产出状况

年份	综合效率	投入冗余			产出不足		
		分散度	城市规模基尼指数	相互作用指数	经济密度	劳动生产效率	投资生产率
2008	0.90	0.70	0.45	0.18	0.70	0.97	0.03

表 8－7(续)

年份	综合效率	投入冗余			产出不足		
		分散度	城市规模基尼指数	相互作用指数	经济密度	劳动生产效率	投资生产率
2009	0.85	0.20	0.35	0.24	0.34	0.38	0.00
2010	0.82	0.27	0.41	0.25	0.27	0.46	0.22
2011	0.75	0.36	0.50	0.14	0.19	0.36	0.50
2012	0.80	0.32	0.37	0.22	0.30	0.52	0.51
2013	0.77	0.31	0.26	0.19	0.10	0.45	0.47
2014	0.75	0.27	0.19	0.25	0.04	0.13	0.30
2015	0.80	0.19	0.01	0.23	0.06	0.13	0.39
2016	0.85	0.27	0.15	0.22	0.11	0.16	0.17
2017	0.84	0.11	0.01	0.18	0.20	0.17	0.13

注:对指标体系进行了 z－score 标准化处理。

如表 8－7 所示,2008—2017 年间,从 2008 年的 0.9 下降至 2017 年的 0.84,可见哈长城市群的空间经济效率呈波动下降趋势。在 2014 年以前,空间经济效率持续下降,随后呈现上升态势,说明哈长城市群的确立和发展对空间经济效率有一定的促进作用。

分散度对城市群空间经济效率有一定影响,即市群集聚程度越分散,效率越低。由表 8－7 中数据可知 2008—2017 年间分散度的投入冗余从 0.7 变为 0.11,且分散度的投入冗余总体呈现下降趋势,说明随着城市群的不断集聚,分散度对经济效率的消耗逐渐减少。城市规模基尼指数的影响特征与分散度类似,从 2008 年的 0.45 变为 2017 年的 0.01,且历年均有冗余,而 2017 年的冗余为 0.01,说明城市群内的城市规模差异对经济效率的影响正在逐渐减弱。相互作用指数的冗余总体变化不大,但影响最为稳定,说明相互作用指数对城市群空间经济效率呈现持续的阻碍特征,哈长城市群内部的空间联系和紧密程度并未得到有效利用。在相互作用指数持续增加的前提下,空间经济效率依然出现了下降的趋势,这与本书认为的城市群内部行政壁垒严重的假设相吻合,即行政壁垒不仅影响了城市群内部的总体空间和经济联系,且影响了空间经济效率的提升。总体上,2008 年空间结构影响经济效率的主要因素是分散度和城市规模基尼指数,之后各年虽然冗余情况有所下降,2014 年前各年的状况基本与 2008 年相似。2015 年首次城市规模基尼指数的冗余情况为 0.01,趋近于 0,此后的三年空间结构影响经济效率的主要因素变为相互作用指数,侧面说明城市群的集聚效应对空间经济效率带来了有力的影响,但是受到行政壁垒的影响,城市间的联系还存在障碍,从而影响了整体空间经济效率的提升。

投资生产率产出不足呈现先上升再下降的变化特征,其与我国房地产开发等固定资产投资发展相吻合。2009—2016 年间,在大力发展房地产开发期间,投资生产率产出不是最高,说明尽管其对经济发展有较高贡献,但效率较为低下。近两年,房地产市场发展趋缓,投资生产率产出不足也逐渐开始下降;经济密度的产出不足总体呈现下降特征,从 2008 年的 0.7 变为 2017 年的 0.2,说明现有城市群空间结构对城市群经济发展呈现一定的阻碍作用,但阻碍效果在持续地波动下降,城市群的空间结构对经济效率的影响在经济密度这一指标上还是有积极影响的。与经济密度的产出不足相同,劳动生产率的产出不足也呈现下降趋势,从 2008 年的 0.97 变为 2017 年的 0.17,说明在哈长城市群总体空间经济效率下降的大趋势下,城市群空间结构对劳动生产率这一单一指标的提高仍有促进作用。总体上,哈长城市群经济效率冗余的状况不断下降,侧面说明哈长城市群空间结构的变化对经济效率有一定积极的影响,但是整体空间经济效率并未上升也说明当前的空间结构尚不是最优状态。

8.4.2 空间维度下的哈长城市群空间经济效率

选取 2008 年、2013 年和 2017 年三个截面数据,运用 DEA – VRS 模型,计算哈长城市群各城市及两省部分的空间经济效率。其计算结果见表 8 – 8。

表 8 – 8   2008 年、2013 年和 2017 年研究区域及两省空间经济效率的变化情况

地区	2008 年	2013 年	2017 年
黑龙江省部分	0.88	0.64	0.78
吉林省部分	0.91	0.91	0.89
哈长城市群	0.90	0.77	0.84

从各省部分来看,2008 年两省空间经济效率为 0.88 和 0.91,两省空间经济效率差异并不明显且哈长城市群总体持平,但从 2008 年的 0.88 下降至 2017 年的 0.78,黑龙江省的经济效率下降较大,尽管 2013 年后有所提升,但总体还是呈现下降趋势,且始终低于吉林省部分的空间经济效率。吉林省部分虽然总体效率高于黑龙江省部分,但变化不大,说明总体上吉林省部分的状况要优于黑龙江省部分。但是也从侧面反映了两省的行政壁垒对整个城市群空间经济效率的提升起到了阻碍的作用。

从城市群内部各城市的效率来看,2008 年综合效率达到 DEA 最优的城市为哈尔滨市、大庆市、四平市、长春市、松原市,联系上文这五个城市的分散度、城市规模基尼指数及相互作用指数都反映了集聚的状态,并且城市规模及城市内部联系较

其他城市要更优,侧面说明城市空间集聚度高则效率高,2013 年综合效率达到 DEA 最优的城市为哈尔滨市、大庆市、吉林市、长春市、松原市、辽源市、四平市,2013 年的最优城市与 2008 年相比基本相似,多了辽源市和吉林市,分析最大的可能是哈长城市群的建立,城市群内部一直处于空间集聚过程的反映。2017 年效率达到 DEA 最优的城市为哈尔滨市、大庆市、长春市、松原市、辽源市。由此可见,城市群内部的中心集聚对空间经济效率提升有正向影响,这与前述的城市群集聚程度越分散,效率越低的结论相符。

8.5　本章小结

本章通过构建空间经济效率测度指标体系,运用 DEA 模型对哈长城市群这一典型的跨省级行政区城市群进行空间经济效率测度和特征分析,所得主要结论如下。

(1)哈长城市群处于人口向中心城市缓慢集聚的态势,城市群内部各城市之间的规模差异逐渐增加,城市之间联系愈加紧密,但在行政壁垒的影响下,哈长城市群总体空间相互作用指数低于两省各自的部分。

(2)哈长城市群劳动生产率和经济密度持续增长,但投资生产率下降,说明依托房地产开发等固定资产投资的经济增长方式是低效率的表现。

(3)分散度对城市群空间经济效率有一定的正向影响,即城市群集聚程度越分散,效率越低;在相互作用指数持续增加的前提下,空间经济效率依然出现了下降的趋势,进一步印证了行政壁垒对空间经济效率的阻碍作用。

(4)在哈长城市群总体空间经济效率下降的大趋势下,城市群空间结构对劳动生产率这一单一指标的提高仍有促进作用。

以哈长城市群为例分析空间结构与经济效率之间的关系,所得结论与学界主流的区域集聚能够提高经济效率的结论一致,但稍有不同的是,影响效果在逐渐下降。空间结构对经济效率的影响更多地体现在城市群内部的城市之间联系上,但不断增加的城市之间联系却并没有带来空间经济效率的提高,而跨省级行政区城市群的行政壁垒加剧了这一现象的产生。同时,在研究结论中也发现,虽然劳动生产率和经济密度都在提高,但在 2008—2017 年的十年间,哈长城市群总体效率却出现了下降特征,这与指标中的投资生产率有直接关系,表明增加固定资产投资在推动城市群经济发展过程中的作用在减弱,依托高新技术和产业转型的发展才是城市群快速健康发展的有效路径。

第9章 吉林省空间结构优化对策

吉林省是中国东北地区的内陆省份,全省土地总面积18.74万平方公里,约占全国总面积的2.1%,居全国第14位。吉林省下辖长春、吉林、四平、辽源、通化、白山、松原、白城8个地级市,延边朝鲜族自治州1个州,以及20个县级市、17个县、3个自治县、20个市辖区、423个镇、198个乡(截至2008年)。2008年末,全省总人口2 734万人,占全国约2.0%,城镇人口约1 455万人,全省GDP为6 424.06亿元,约占全国2.1%,人均GDP为23 514元;其中第一产业GDP为916.7亿元,占14.3%,第二产业GDP为3 064.63亿元,占47.7%,第三产业GDP为2 442.73亿元,占38.0%,产业结构呈现"二、三、一"的格局。2008年,吉林省实际利用外资30.08亿美元;进出口总额约133.4亿美元;全社会固定资产投资总额5 608.2亿元。2008年,吉林省社会消费品零售总额2 484.3亿元;城镇居民人均可支配收入12 829.5元;农村居民人均纯收入4 932.7元。

吉林省是全国重要的交通运输设备制造业基地、全国重要的石化产业基地和全国重要的商品粮基地,在全国的工业发展格局中占有重要地位。但近十年来,由于受"东北现象""新东北现象"的影响,吉林省省域经济增长动力不足、发展活力较弱、城镇功能衰弱、区域发展塌陷等问题较为突出,急需在转变经济增长方式的基础上,寻求经济发展突破口。党中央国务院实施的"振兴东北老工业基地"战略给吉林省带来了前所未有的发展机遇,同时吉林省也急需构筑一个合理、高效、和谐、开放的空间结构体系,以支撑省域空间资源的合理配置,快速推进吉林省经济发展。

9.1 吉林省发展困境

9.1.1 区域位置边缘化

从东北亚空间尺度分析,吉林省虽处于东北亚地区的几何中心,但却是东北亚地区经济发展相对低密度地区。东北亚经济与合作重点在环黄渤海经济圈,其重心主要集中在日本和韩国,主要通过海上通道面向中国东部沿海、东南亚及其他大洲。吉林省参与国际经济合作最直接的办法就是依托图们江地区的战略资源区位来面向环日本海经济圈,但环日本海经济圈一段时间以来一直处于休眠和发育阶段;从全国空间尺度分析,东北地区主要通过山海关陆路和黄渤海海路两个基本通道与全国其他地区进行经济联系。哈大城镇带是东北经济发展的轴心,也是这两个通道的载体,带上有 41 个城市,占东北地区城市总数的 45.56%,国土面积约为 25 万平方公里,约占东北地区总面积的 32%,总人口约占全区 60%,集中了东北三省约 70% 的工业总产值。与长三角、珠三角城镇密集区相比,哈大城镇带在经济实力、城镇密度、平均规模等方面都还存在差距,在全国经济地域分工中仍有被边缘化的危险。南资北移西进并没有提高吉林省的投资产出率,辽宁省和黑龙江省投资产出率的大幅提升,导致吉林省出现了低低集聚的空间特征。

9.1.2　区域地位后位徘徊

东北三省内部区域差异较大,吉林省始终处于东北区的末位,在全国经济发展位次排名也相对靠后,东北地区经济发展呈现中部塌陷的态势。从表 9 - 1 中可以看出,吉林省 2008 年各项经济指标同比增幅在全国的位次排名均较靠前,经济发展迅猛,发展潜力巨大。

表 9 - 1　吉林省主要指标完成情况和全国对比及排位

经济指标	吉林省			全国		
	指标值	在全国的位次/位	同比增长/%	在全国的位次/位	指标值	同比增长/%
地区生产总值/亿元	6 424.06	21	16.0	3	300 670	9.0
其中:第一产业	916.70	17	9.5	1	34 000	5.5
第二产业	3 064.63	20	17.2	6	146 183	9.3
第三产业	2 442.73	18	16.7	1	120 487	9.5
城镇以上固定资产投资/亿元	4 687.35	13	40.3	4	148 167	26.1
社会消费品零售总额/亿元	2 484.26	16	24.3	3	108 488	21.6
进出口总值/亿美元	133.41	19	29.5	13	25 616	17.8

9.1.3　城市化和经济发展错位

吉林省城市化水平空间分布具有明显的地带性,中部地区各县农业发达,农业人口密集,城镇化水平偏低。吉林省东西部由于林场、农场数量较多,农垦工人(按非农业人口统计)相对集中,另外,延边州是一个消费型城市,服务业人口比重相对较高,以上均导致东西部城市化水平高于中部地区;由于吉林省经济发展活跃地区大多集中于哈大轴带上,因此吉林省中部区域经济发展明显好于东西部。由此可见,吉林省城镇化与经济发展不相协调,从经济密度空间分布来看,中部地区最高,而东西部地区经济密度较低。从城镇化水平来看,吉林省中部地区城市化水平最低,而东西部城市化水平较高,各地区城市化与经济发展水平呈现不同步的发展态势,尤其是东西部地区城市化水平超前于经济发展水平,城镇化质量较低。

9.1.4 区域极化显著,省内发展差距较大

吉林省辖8个地级市、20个县级市、20个县城、423个建制镇。其中,特大城市有长春、吉林两个,四平刚迈入大城市序列,近10年来,10万人以上的城市等级结构没有明显变化。吉林省九市(州)主要经济指标见表9－2。

表9－2 吉林省九市(州)主要经济指标

指标名称	地区生产总值/亿元	地方财政收入/亿元	规模以上工业增加值/亿元	年末总人口/万人	全社会固定资产投资/亿元	直接利用外资/万美元
全省	6 424.06	422.77	2 491.3	2 710.56	5 608.20	99 331
长春市	2 588.08	119.03	884.5	752.53	1 818.80	57 883
吉林市	1 300.20	53.33	467.8	433.59	1 200.10	10 908
四平市	590.19	17.41	174.4	337.55	319.20	5 465
辽源市	275.06	11.67	101.7	123.33	301.10	3 066
通化市	455.70	21.43	196.3	227.17	429.40	3 777
白山市	300.30	15.59	124.1	129.69	300.20	5 560
松原市	815.01	28.74	391.9	285.10	555.80	5 603
白城市	290.08	10.91	38.9	202.90	262.00	2 241
延边州	379.65	31.98	133.6	218.70	421.60	4 828

从表9－2中可以看出,长春市和吉林市在地区生产总值、地方财政收入、规模以上工业增加值、年末总人口、全社会固定资产投资、直接利用外资等6项指标的数值分别占吉林省全省的60.5%,40.7%,54.3%,43.8%,53.8%,69.3%,均接近半数或已超过半数。由此可见,长春市和吉林市是两大极化中心,且其他地级市与之相比发展差距较大。

9.1.5　农业地位突出,产业结构单一

吉林省是全国的农业大省之一,是我国重要的商品粮基地,农业在全省经济发展中占有重要的地位。2008 年,吉林省第一产业产值达到 916.70 亿元,占全国比重为 2.72%,分别比吉林省二产、三产占全国比重高出 0.8 和 0.9 个百分点,其中粮食产量 2 840 万吨,占全国粮食总产量的 5.37%。2009 年,吉林省顺利实现增产百亿斤商品粮的目标。

2008 年,吉林省工业总产值为 8 369 亿元,其中汽车产业约占 30%、石化工业约占 15.6%、农副产品加工业约占 22%,而医药、冶金、煤炭、轻纺、能源等产业均低于 5%。2004 年以来,随着国内汽车产业发展进入拐点时期,由卖方市场转为买方市场,市场竞争趋于激烈,行业利润水平大幅下降,吉林省汽车产业增速变缓,进而导致全省经济增长速度的下滑。2005 年上半年吉林省经济增长速度在全国各省市中位居倒数第一。虽然近年来,吉林省汽车产业一枝独秀的局面有所改善,但工业结构趋于重型化、产业链条短、上游产业带动作用不强等问题,依然阻碍着吉林省经济快速发展、产业结构优化。

9.2　吉林省空间结构发展特征

9.2.1　空间结构单一、多变

东北地区空间结构经历了"三镇松散""双核 T 轴""四核 T 轴""四核三群"的空间结构序列演变过程。其中,吉林省先后呈现出"单核松散放射""双核枝状雏形""双核十字雏形""双核向单核演变"四个空间序列演变过程。从演变的过程来看,相比辽宁省"一核多心""双区并举(沈阳经济区、沿海五点一线经济区)""三大空间单元(沈阳经济区、沿海经济区、辽西北)"的空间结构演变,吉林省的空间结构始终围绕长春市和吉林市两个特大城市进行演化,演化形式呈现从单核—双核—单核的核心式波动演化特征和单一、多变的演化轨迹,而省内其他地区尚未参与到全省空间格局演变体系中来。

9.2.2　以长春市和吉林市为中心的交通体系正在形成

长春市和吉林市是吉林省最大的两个特大城市,产业基础雄厚,长春以汽车产业、吉林市以石化产业引领吉林省经济的快速发展,交通较为便利,为省内主要交通枢纽,通过的主要交通通道包括哈大线、沈吉线、长图线、长白线、长松线、吉草线等公路铁路运输通道。目前,吉林省中部地区的交通呈现出网络化的趋势,整体上形成了以长春市和吉林市为主辅中心的放射状格局,并且出现了梅河口、通化、四平等交通密集地区,但省内东西向的交通通道缺乏,导致吉林省交通体系整体呈现

中部紧密,东西松散的结构特征。

9.2.3 空间结构演变出现圈层扩散、点轴推进和近域整合三种趋势

由于吉林省各个城镇在空间发展上的不均衡,其空间结构的演进主要呈现三种趋势:一是圈层扩展趋势,主要中心城镇开始呈现圈层式扩展,城市规模越大则圈层扩散范围越大,长春、吉林两大中心城市的都市区形态已见端倪;二是点轴推进趋势,主要中心城镇的扩散呈现轴线延伸,哈大轴线和图乌线成为串联省内主要城镇的重要通道;三是近域整合,各相邻中心城镇在用地、产业发展、基础设施建设等方面已出现整合趋势,如长春–吉林、辽源–百泉、松原–前郭、梅河–东丰、延吉–龙井–图们等。

9.2.4 双核一体化极化,但总体实力不足

长吉一体化区域①是吉林省的核心,双核带动及一体化发展成为吉林省近期发展的重点。另外,长吉一体化区域经济发展迅速,地区生产总值从2004年的1 676亿元增加到2008年的2 813亿元,年均增长率为10.9%;人均生产总值从2004年的27 146元增加到2008年的31 950元,年均增长率达到3.3%;财政收入从2004年的70.1亿元增加到2007年的121.5亿元,年均增长率为11.6%。2008年,长吉一体化区域的GDP占全省的比重为43.8%,但相比国内同类区域,其经济总量却相对较小,见表9–3。

表9–3 长吉一体化区域与国内同类地区比较

区域或地区	GDP/亿元	区域面积/km²	人口/万人
长吉一体化区域	2 813	14 000	663
广佛一体化地区	12 433	11 302	1 396
深莞惠一体化地区	12 797	15 600	2 000
郑汴一体化地区	3 590	13 890	1 215
西咸一体化地区	2 954	20 102	1 242

同时,长吉区域人口占全省的比重也非常大,但密度却仍较低,还需进一步集

---

① 长吉一体化区域范围包括长春市、吉林市城市规划区和九台区、永吉县全境,以及公主岭市范家屯镇、响水镇和大岭镇。长春市城市规划区下辖朝阳、宽城、南关、二道、绿园、双阳6个城区,34个乡镇街道(不包括主城区内的街道),2个国家级开发区和9个省级开发区;吉林市规划区下辖昌邑区、船营区、龙潭区、丰满区4个城区,20个乡镇街道(不包括主城区内的街道),2个国家级开发区和7个省级开发区;九台区境内下辖13个乡镇,永吉县境内下辖9个乡镇。2008年长吉一体化区域实现地区生产总值2 813亿元,人均地区生产总值达到42 428元;总人口约663万人,非农业人口约416人,城镇化率63%。

聚。长吉一体化区域总面积约14 000 km²,约占吉林省总面积的7.5%,人口约663万人,占全省总人口的24.5%,即不到全省十分之一的土地面积聚集了全省约四分之一的人口,是吉林省人口最为密集的区域。该区域人口占全省比例自2000年来一直呈上升态势,但区域人口密度仅为473.6人/km²,与广佛(1 235.2人/km²)、西咸(617.8人/km²)、深莞惠(1 282人/km²)、郑汴(847.7人/km²)等国内同类地区相比相对较小。

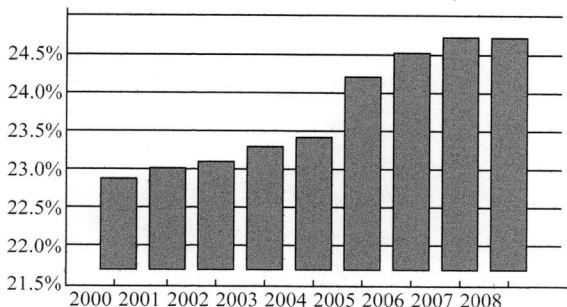

图9-1　2000—2008年长吉一体化区域人口占吉林省比重变化趋势

9.3　吉林省空间发展战略

9.3.1　国家战略对吉林省空间发展的启示

1.《全国城镇体系规划(2005—2020)》

《全国城镇体系规划(2005—2020)》中提出了"点—轴—面"相结合的空间开发模式,实现以国家中心城市和区域中心城市为核心组织区域经济活动,以点带轴、以轴促面。该规划提出通过培育有国家战略意义和辐射带动作用的"多中心",构建有"内引外联"作用和能够加强区域协作的城镇发展轴带,形成以"一带、七轴、多中心"为骨架,大中小城市协调发展,网络状、开放型的城镇空间结构。可以看到在国家层面的空间结构中,吉林省中部地区处于哈大发展轴,长春是全国省域区域中心城市,但却没有列入国家层面推进和发展的城镇群系列。

2. 全国主体功能区划

从图9-2中可以看到,哈长地区是我国重要的城镇化地区,这为吉林省的空间发展指明了道路,即强化中心。吉林省在2010年发布的《中共吉林省委吉林省人民政府关于统筹推进吉林特色城镇化的若干意见》中也明确指出长吉一体化区域是带动吉林省城镇化发展的核心,因此强化长吉核心是关键。

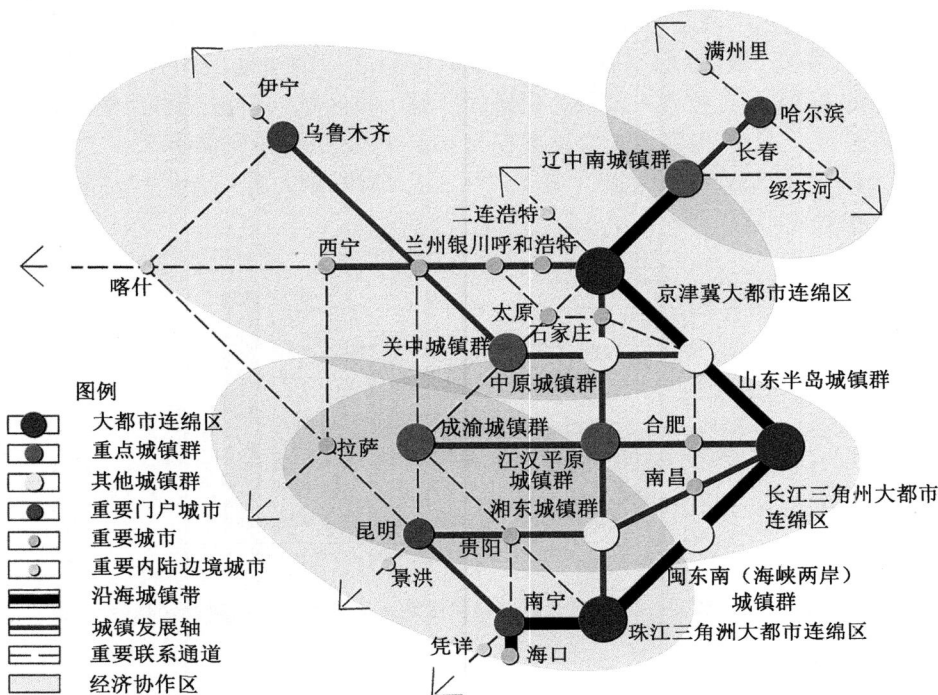

图 9 - 2　全国城镇体系规划(2005—2020)空间结构概念图

3.《中国图们江区域合作开发规划纲要——以长吉图为开发开放先导区》(2009—2020)

随着长吉图开发开放先导区上升为国家战略,吉林省在全国的区域地位有了极大提升,长吉图作为图们江区域合作开发的先导区,拥有先行先试权,在国家赋予的政策机遇中探索开放合作、区域一体化、现代产业体系构建、体制机制创新等方面内容。这使以长吉为腹地、延龙图为门户的长吉图开发开放先导区战略意义凸显。

9.3.2　发展策略

1.强化集聚,构筑多心

限于长春市的单体实力不强的现实(长吉一体化区域的综合实力与国内其他区域相比较有所不足),同时借助我国对哈长地区城市化发展的支持,应加强长吉区域的空间集聚。在前面的分析中,我们得出了单中心集聚是我国目前空间发展较有效率的模式。长吉一体化发展有助于在增强中心城市综合实力的同时,进一步强化集聚能力。长吉一体化并非同城化,在加强一体化经济合作的同时,仍需错位发展,合理竞争。当单中心对于吉林省空间发展再无效率时,长吉可分化为带动吉林省空间发展双核心,同时双核心之间的经济联系由于一体化发展而紧密。因此长吉地区既是吉林省空间发展的极核,同时也是带动全省发展的双中心。

2. 辐射扩散,群体发展

建设城市群已成为我国带动区域发展的一个重大宏观战略,也是推动中国城镇化进程的一条主干途径。目前,吉林省中部城市群尚不完善,一是长春市和吉林市辐射能力不强,二是城市群内城市间的经济联系不紧密,远没有达到一个成熟或者标准城市群所界定的要求。因此,未来还需进一步有目的、有针对性地构筑和培育中部城市群,做到与全国空间发展战略相统一。

3. 区域联动,完善网络

借助长吉图上升为国家战略的机遇,在强化中部城市群的同时,谋求与延龙图珲等图们江地区的联动合作,强化全省的空间网络。

9.4 吉林省空间发展策略

吉林省中部城镇群包括长春市、吉林市、四平市、辽源市、松原市和通化市的梅河口市、辉南县、柳河县,总面积 99 747 km²,占吉林省的 53.20%。该区是东北经济区哈大城市带的一部分,其与沈阳经济区和哈大齐城市群共同形成贯穿东北中部的城市带,是吉林省社会经济的核心区域。该区城镇分布相对密集,共有县城以上城镇数量 27 个,并有长春市、吉林市两个特大型城市,2008 年末人口为 2 090 万人,占吉林省总人口的 76.9%,区域 GDP 总量 5 819 亿元,占吉林省的 90.6%。

近年来,吉林省力图打造一个可上升至国家层面和具有国际意义的空间经济单元,并在吉林省九次党代会上提出"积极向国家争取,打造一个具有特殊带动作用的综合配套改革实验区、科技创新先导区和经济快速增长区"。2008 年,吉林省政府第 18 次常务会议审议并原则通过了《长吉图开发开放先导区规划》,并于2009 年 11 月由国务院新闻办公室召开新闻发布会,发布《以长吉图为开发开放先导区的中国图们江区域合作开发规划纲要》详细内容,长吉图正式上升为国家战略。长吉图开发开放先导区包括长春市城区、九台区、农安县、德惠市,吉林市城区、永吉县、蛟河市及延边州,区域面积 7.3 万 km²,占全省的 39%,2008 年人口1 090 万人,占全省的 40%,经济总量占全省 55%,区域内有长春、吉林两个特大城市,9 个中小城市,179 个镇,城镇化率达 57%。

9.4.1 二者关系

吉林中部城镇群和长吉图开发开放先导区是有地域交叉的两个空间组织单元。长吉两市在两个单元中都扮演重要角色,是吉林省中部城镇群的核心,同时也是长吉图开发开放先导区的核心腹地,二者应纳入统一的体系中进行建设,共同打造吉林省中东部的强势经济区域。

9.4.2　空间一体化组织

结合长吉图开发开放先导区规划和吉林中部城镇群的空间组织,二者一体化建设的空间组合形式为:(珲春——开放窗口)—(延龙图——开放前沿)—(敦化——联结纽带)—(长吉一体化区域——直接腹地)—(中部城镇群外围区域——拓展腹地)。

9.4.3　建设重点

1.珲春——开放窗口

充分利用珲春的边境区位优势,提升窗口功能,扩大开放能力,赋予珲春市自由经济区政策,培育壮大边境经济合作区,加快建设俄、日、韩国际工业园区;建设能源储备开发、钢铁生产、纺织服装出口加工、外向型绿色农产品加工、多边科技合作创新和汽车零部件出口加工基地;打造中俄珲春-哈桑、中朝珲春-罗先跨国经济合作区,为建设图们江跨境多国自由贸易区创造条件;打通出海口通道,建设对朝、对俄毗邻地区交通基础设施。

2.延龙图——开放前沿

推进延龙图三市一体化进程,提升延龙图组合城市对开放窗口的支撑能力;加快生产要素集聚,打造先进加工制造业、现代物流与商贸、旅游及高技术等产业为主体且具有区域辐射力的产业体系;推进与日、韩合作,发展外向型产业,面向境外市场,建设优质农产品出口加工和新型建材基地;设立保税物流园区,促进延边地区出口加工、保税及物流仓储业快速发展;发挥口岸区优势,发展边境贸易和开展跨国旅游。

3.敦化——联结纽带

敦化与珲春、延龙图、长吉一体化区域都是长吉图经济带上的重要节点,充分发挥其串联长吉图,连接黑东北和吉东南的纽带作用;利用纽带城市的区位优势和地区比较优势,建设成为吉林省重要的医药制造业基地和物流基地。

4.长吉一体化区域——直接腹地

推进长吉一体化,强化腹地对前沿和窗口的支撑,建成东北亚国际商务中心、综合交通和物流枢纽,以及全国重要的汽车产业基地、农产品加工基地、生物产业基地、光电子产业基地和化工循环经济产业园区;加强长吉两市间的长东北开放开发先导区、岔路河新区及中新食品区、九台新城和莲花山等新区建设,推进交通、能源、城市供水等基础设施共建共享,加快长吉城市一体化进程;加快建设长春、吉林面向大连、营口等港区的内陆港的同时筹划发展面向图们江地区的物流港。

5.中部城镇群外围区域——拓展腹地

加强中部城镇群外围区域与长吉一体化区域及长吉图开发开放先导区的联

系。作为中部城镇群核心区及长吉图核心区的长吉一体化区域不仅能带动外围区域的经济发展,同时作为吉林省中部重要的集散地,外围区域也可通过便捷的交通条件获得各种要素的流入;外围区域在自身发展的同时,通过加强对长吉一体化区域和长吉图开发开放先导区的通道建设和对外口岸建设,加强与外部的经济联系,促进要素的流入、流出。

6. 加强通道建设

构筑东西方向贯通东北经济区、通往日本海的中蒙国际运输通道,实现"出境联海"目标;以长春、吉林货运口岸的改造升级为重点,建设南北方向联结渤海的长春、吉林内陆港,实现"联港出海"目标;重点实施与朝鲜北部毗邻地区交通基础设施合作项目和与俄罗斯远东毗邻地区交通基础设施合作项目建设,实现"借港出海"目标;提升长春龙嘉机场通关能力,建设国际空港物流通道。

(1)公路建设:加快建设长春－松原－白城－乌兰浩特高速公路及吉林－珲春高速公路联络线,形成与中蒙铁路并行的高速公路;建设吉林－沈阳高速公路,改造区域内302国道,建设长春1小时经济环线、吉林市近域环线及延龙图经济带环路。

(2)铁路建设:以长吉城际铁路和吉林－珲春快速铁路为重点,加快以长春为核心枢纽的区域对外通道、省际通道建设;合作建设阿尔山至乔巴山铁路,形成横贯中国图们江区域的国际综合交通通道;打通东部通道的白河－和龙铁路、和龙－南坪铁路、珲春－东宁铁路;建设长春－白城－乌兰浩特增建二线、长春－长岭－白音胡硕铁路两条通向内蒙古自治区的能源运输通道,以及连接牡丹江的白河－敦化－东京城铁路等项目。

(3)民航建设:提高现有长春、延吉两个机场的航运能力,近期完成长春龙嘉国际机场飞行区、航站区扩建,开展长春龙嘉机场二期、二台子机场复航和延吉机场迁建工作。

(4)口岸建设:重点扩建珲春铁路口岸,建设图们铁路口岸、开山屯铁路口岸、双目峰口岸、南坪铁路口岸和春化分水岭口岸;利用图们口岸经朝鲜豆满江与俄罗斯哈桑地区联通,打通海运到我国南方的通道,改善中朝口岸桥通行能力。

9.5 本章小结

本章是在前几章分析结果的基础上,针对吉林省目前空间发展实际的一次尝试。吉林省经济发展及空间结构演化依托哈大轴线和长春市、吉林市两个特大城市,总体上呈现"中部隆起,南北抬升,东西塌陷"的发展态势。吉林省中部城镇群和长吉图开发开放先导区的打造和空间组织优化,在加强对中部城镇群和长吉图开发开放先导区的"培育",注重区内与区际各种关系的"协调",保护和利用各类人文资源、自然资源,综合安排基础设施和公共服务设施的基础上,有利于提升吉林省在东北地区的战略地位,巩固和发展与沈阳经济区、辽宁沿海经济地带和哈大齐城市群的"竞合"关系;有利于提升吉林省在东北亚地区的枢纽地位,地处哈大轴线和图乌轴线的十字交叉口的区位,可扩大吉林省对东北亚地区的全方位开放。

第10章 本书主要结论

本书选取了中心度、集散度、空间紧凑度、交通网络通达度、首位城市规模等5个反映区域城市化空间结构的指标，以及劳动生产率、经济关联度和投资产出率等3个反映经济效率的指标，尝试构建城市化空间结构对经济效率的影响关系框架，并探讨了城市化空间结构对经济效率的影响机制。考虑到我国正处于城市化加速发展阶段，经济和体制都处于关键的转型时期，区域空间存在一定的矛盾，因此本书对我国各省级行政区城市化空间结构的经济效率研究具有一定实践意义。本书所得主要结论如下。

1. 单中心集聚在我国依然是有效率的空间组织形式

目前，我国大部分省级行政区仍然以单中心集聚为主要空间组织形式，并且这种单中心结构有明显的加强趋势，全国各省级行政区平均中心度从2000年的0.784上升到2008年的0.854，单中心集聚趋势明显。同时，单中心结构在我国各省级行政区的经济发展中仍然具有一定的效率，也就是说，单中心性越强，劳动生产率越高，2008年，中心度每增加1%，劳动生产率会提高0.166%。

2. 单中心集聚的经济效率在逐渐减弱，多中心集聚成为发展趋势

从中心度对劳动生产率不同时间断面的影响效果来看，单中心结构对劳动生产率的促进作用在逐渐减弱，影响系数从2000年的0.732下降到2008年的0.166。我国相对经济发达及城市化水平较高省份如江苏、山东、浙江、辽宁等，其中心度均相对较低，呈现出与国外高水平城市化地区较为一致的发展趋势，说明随着经济的快速发展，单中心结构开始不能满足空间对经济发展的支撑作用，多中心网络均衡结构模式成为发展趋势。因此，随着我国经济的快速发展，各省份需缓解首位城市独大的空间集聚态势，减少首位城市的空间剥夺，合理配置资源，促进区域向多中心集聚结构发展。

3. 我国各省级行政区空间发育阶段滞后于经济发展阶段

根据区域空间结构演变理论，区域空间结构会表现出其发展时代特有的空间组织特征。工业化一般分为工业化前期、工业化初期、工业化中期、工业化后期及后工业时期，相应的区域空间结构呈现均衡离散、集聚、扩散和网络化均衡演变特征。从各省级行政区中心度在全国的分布来看，人均GDP较高的省级行政区并没有呈现出较为一致的中心度特征。根据钱纳里等人提出的经济发展阶段判定标

准,我国各省级行政区均已进入工业化中后期阶段,北京、上海等的经济发展已经处于工业化后期,甚至处于后工业化时期。在空间发育上,这些发达省级行政区并没有呈现出由增长极(集聚)向点轴(扩散)再向网络化(均衡)发展的显著特征,中心度仍在逐年提升,尽管区域内交通网络通达度较高,但城市间仍各自为政,缺少合作,首位城市对周边区域的剥夺和极化作用仍然强大和明显。因此,目前各省级行政区的空间发育仍处于由增长极向点轴式过渡或点轴式特征为主,明显滞后于经济发展阶段。

4. 城市化空间结构与经济效率之间存在内生性

从本书的计算结果中发现,除首位城市规模外,城市化空间结构与经济效率普遍存在内生性。城市化空间结构指标与经济效率指标存在内生性说明自变量和因变量之间存在一定程度的相互影响。这一结论与 Lee 和 Gordon 的观点相悖,他们认为空间重组是一个长期的过程,虽受社会、经济、文化等多种因素影响,但这种影响过程较为漫长。考虑中国的现实情况,中国的人口空间重组是剧烈的,尽管与改革开放以前相比,市场经济成为推动区域经济发展的主导力量,但在社会主义体制下,经济发展、城市建设和区域发展仍然在很大程度上受政府行为影响,加之近年来中国经济的快速发展,区域城市化空间结构在很大程度上响应了发展战略的变化,由此体现出了空间结构与劳动生产率之间的内生性特征。

5. 增强区域空间紧凑度是区域空间发展的关键

空间紧凑度是本书在研究城市化空间结构与经济效率关系中加入的创新变量。从计算结果来看,空间紧凑度对经济效率的影响是最为显著的,同时规律性也最强。首先,空间紧凑度对劳动生产率有显著的正相关关系,且作用效果逐年增加。其次,空间紧凑度对经济关联度同样具有显著的正相关关系,作用效果也呈现逐年增加的特征。最后,在 2008 年,空间紧凑度对投资产出率也具有正向的促进作用。由此我们可以判断,空间紧凑度是城市化空间结构对经济效率影响的关键因素之一。空间紧凑度是一个综合指标,反映了区域内城市间的相互作用关系、城镇体系的完善程度及生产要素的集聚程度。空间紧凑度对经济效率的显著影响说明城市化空间结构对经济效率的促进作用是一种综合作用。首先,城市间的相互作用能带来经济效率的提高,不论区域是单中心结构还是多中心结构,强化区域内城市间的相互作用是关键,这一结论能进一步证明城市经济外部性的存在,即城市的收益很大程度上来自于城市以外。其次,城镇体系的完善程度对于区域经济发展至关重要,这也说明城镇体系规划对区域经济发展具有重要的指导作用,应有计划、有重点、有步骤地培育具有不同职能分工、不同等级规模、空间分布有序、联系密切、相互依存的城镇群体。

6. 城市化空间结构对经济效率的作用机制

中心度与集散度对就业密度和产出密度的影响最为显著,但只有产出密度与劳动生产率有着明显相关,这说明集聚经济对劳动生产率的提高有明显的促进作用,也进一步说明了我国的经济发展还需进一步的集聚以提高集聚效应和规模经济。中心度和集散度并没有通过对就业密度的影响而对劳动生产率产生作用,说明我国劳动力素质在一定程度上还需提高,同时也说明我国的经济发展依然有很大一部分依靠劳动密集型的加工制造产业,而非有较高生产效率的资金密集型产业和技术密集型产业。

空间紧凑度和交通网络通达度对社会经济要素的影响比较全面,前者是对区域的综合衡量,后者是一种对区域基础设施的间接评价。由于空间紧凑度对经济效率的影响能证明城市化经济外部性的存在,而交通网络通达度对城市化经济外部性同样具有促进作用,因此可以说空间紧凑度和交通网络通达度对经济效率的影响与中心度和集散度不同,前者是一种外生影响,即通过增加城市从城市以外所获得的利益或可能的潜在利益来增加经济效率,后者是通过内部结构的变化,通过社会经济要素集散传导,而改变经济运行方式或经济联系方式,是一种内生影响。

首位城市规模对经济效率的正向影响已经非常明确,中国的发展实际,也确实符合本书的研究结论。首位城市规模的变化对本书选取的四个社会经济要素指标均有不同程度的影响,也进一步证明了首位城市规模在全省社会经济发展中所起举足轻重的作用和地位。从第 3 章和第 5 章的结论来看,虽然单中心集聚依然具有效率,但这种效率在逐渐地减少,因此在未来的发展中,在进一步增强首位城市综合实力的同时,也需有针对性地培养副中心城市和提升首位城市的辐射带动作用,逐渐培育区域内的多中心结构,缓解首位城市的压力,促进区域均衡和可持续发展。

7. 首位城市的空间极化产生了"跳跃剥夺"

一般来说,首位城市在空间上的极化作用较强,空间剥夺能力也较强。从本书对劳动生产率的空间自相关分析来看,异质性集聚并未发生在各省级行政区首位城市及其周边区域,说明首位城市在极化的同时也存在一定程度的辐射带动能力,这在间接证明单中心集聚仍然是效率这一结论的同时,也说明中心城市的溢出作用,会给周边地区带来一定的正外部作用,以抵消一部分的极化剥夺。但与此同时,空间剥夺现象有可能会出现"跳跃剥夺",即中心城市对周边地区的极化作用被一部分的带动作用抵消,而中心城市对省级行政区乃至跨省其他地区仍存在较为明显的剥夺作用,但带动作用无法辐射到这些被剥夺的地区。首位城市对这些被"跳跃剥夺"的地区产生的是负外部性。

附 表

附表1 2008年工具变量与各指标相关系数

指标1	指标2	劳动生产率	投资产出率	经济关联度	劳动力质量	资本劳动比	多中心度	集散度	空间紧凑度	交通网络通达度	首位城市规模	1978年全社会固定资产投资	1978年农作物播种面积	1981年铁路里程	2005年中心度	2015年首位城市规模
劳动生产率	Pearson Correlation															
	Sig. (2-tailed)															
	N															
投资产出率	Pearson Correlation	0.316														
	Sig. (2-tailed)	0.108														
	N	27														
经济关联度	Pearson Correlation	0.361	0.164													
	Sig. (2-tailed)	0.064	0.414													
	N	27	27													
劳动力质量	Pearson Correlation	−0.475*	0.169	0.107												
	Sig. (2-tailed)	0.012	0.399	0.595												
	N	27	27	27												
资本劳动比	Pearson Correlation	−0.664**	−0.500**	0.199	−0.567**											
	Sig. (2-tailed)	0.000	0.008	0.319	0.002											
	N	27	27	27	27											

附表 1（续）

指标1 ＼ 指标2		劳动生产率	投资产出率	经济关联率	劳动力质量	资本劳动比	多中心度	集散度	空间紧凑度	交通网络通达度	首位城市规模	1978年全社会固定资产投资	1978年农作物播种面积	1981年铁路里程	2005年中心度	2015年首位城市规模
多中心度	Pearson Correlation	-0.016	0.381*	-0.086	0.063	-0.316										
	Sig. (2-talled)	0.936	0.050	0.671	0.754	0.109										
	N	27	27	27	27	27										
集散度	Pearson Correlation	-0.297	0.381*	-0.086	-0.463*	0.030	-0.360									
	Sig. (2-talled)	0.936	0.050	0.671	0.015	0.880	0.065									
	N	27	27	27	27	27	27									
空间紧凑度	Pearson Correlation	0.457*	0.384*	0.782**	0.150	0.113	-0.011	-0.613**								
	Sig. (2-talled)	0.017	0.048	0.000	0.457	0.575	0.957	0.001								
	N	27	27	27	27	27	27	27								
交通网络通达度	Pearson Correlation	-0.143	-0.261	-0.700**	-0.513**	0.076	-0.168	0.822**	-0.760**							
	Sig. (2-talled)	0.475	0.188	0.000	0.006	0.706	0.401	0.000	0.000							
	N	27	27	27	27	27	27	27	27							
首位城市规模	Pearson Correlation	0.319	0.287	0.562**	0.090	0.064	0.335	-0.716**	0.742**	-0.608**						
	Sig. (2-talled)	0.105	0.147	0.002	0.656	0.752	0.0088	0.000	0.000	0.001						
	N	27	27	27	27	27	27	27	27	27						
1978年全社会固定资产投资	Pearson Correlation	0.378	0.419*	0.423*	-0.246	0.015	0.241	-0.507**	-0.134	0.386*	-0.298					
	Sig. (2-talled)	0.052	0.030	0.028	0.216	0.942	0.227	0.007	0.505	0.047	0.132					
	N	27	27	27	27	27	27	27	27	27	27					
1978年农作物播种面积	Pearson Correlation	0.018	-0.184	-0.107	-0.621**	0.162	-0.346	0.811**	-0.213	0.696**	-0.298	0.333				
	Sig. (2-talled)	0.928	0.359	0.595	0.001	0.420	0.78	0.000	0.286	0.000	0.132	0.089				
	N	27	27	27	27	27	27	27	27	27	27	27				
1981年铁路里程	Pearson Correlation	-0.209	-0.218	-0.476*	-0.365	-0.01/8	-0.021	0.596**	0.709**	-0.429*	0.274	0.639**				
	Sig. (2-talled)	0.295	0.274	0.012	0.061	0.930	0.916	0.001	0.000	0.026	0.167	0.000				
	N	27	27	27	27	27	27	27	27	27	27	27				

附表 1（续）

指标1	指标2		劳动生产率	投资产出率	经济关联度	劳动力质量	资本劳动比	多中心度	集散度	空间紧凑度	交通网络通达度	首位城市规模	1978年全社会固定资产投资	1978年农作物播种面积	1981年铁路里程	2005年中心度	2015年首位城市规模
2005年中心度	Pearson Correlation		-0.003	0.382*	-0.067	0.000	-0.305	0.967**	-0.295	-0.013	-0.116	0.323	0.251	-0.272	-0.006		
	Sig.(2-tailed)		0.988	0.050	0.739	0.998	0.112	0.000	0.135	0.950	0.571	0.100	0.206	0.171	0.975		
	N		27	27	27	27	27	27	27	27	27	27	27	27	27		
2005年首位城市规模	Pearson Correlation		0.321	0.278	0.585**	0.049	0.388*	-0.684**	0.712**	-0.586**	0.985**	0.449*	-0.253	-0.366	0.368		
	Sig.(2-tailed)		0.103	0.161	0.001	0.807	0.046	0.000	0.000	0.001	0.000	0.019	0.203	0.061	0.059		
	N		27	27	27	27	27	27	27	27	27	27	27	27	27		

附表 2　2005 年工具变量与各指标相关系数

指标1	指标2		劳动生产率	投资产出率	经济关联度	劳动力质量	资本劳动比	多中心度	集散度	空间紧凑度	交通网络通达度	首位城市规模	1978年年末人口数	1978年全社会固定资产投资	1978年农作物播种面积	2000年中心度	2000年中心城市规模
劳动生产率	Pearson Correlation																
	Sig.(2-tailed)																
	N																
投资产出率	Pearson Correlation		0.244														
	Sig.(2-tailed)		0.220														
	N		27														
经济关联度	Pearson Correlation		0.463*	0.016													
	Sig.(2-tailed)		0.015	0.935													
	N		27	27													
劳动力质量	Pearson Correlation		0.061	0.010	0.326												
	Sig.(2-tailed)		0.762	0.962	0.097												
	N		27	27	27												

附表 2（续）

指标1	指标2	劳动生产率	投资产出率	经济关联度	劳动力质量	资本劳动比	多中心度	集散度	空间紧凑度	交通网络通达度	首位城市规模	1978年年末人口数	1978年全社会固定资产投资	1978年农作物播种面积	2000年中心度	2000年中心城市规模
资本劳动比	Pearson Correlation	0.810**	−0.370	0.425*	−0.067											
	Sig. (2−tailed)	0.000	0.057	0.027	0.741											
	N	27	27	27	27											
多中心度	Pearson Correlation	0.111	0.505**	−0.030	0.068	−0.200										
	Sig. (2−tailed)	0.581	0.007	0.883	0.738	0.317										
	N	27	27	27	27	27										
集散度	Pearson Correlation	−0.280	−0.311	−0.488*	−0.614**	−0.074	−0.340									
	Sig. (2−tailed)	0.157	0.114	0.010	0.001	0.715	0.083									
	N	27	27	27	27	27	27									
空间紧凑度	Pearson Correlation	0.490**	0.205	0.825**	0.300	0.340	−0.039	−0.490**								
	Sig. (2−tailed)	0.009	0.305	0.000	0.129	0.083	0.847	0.010								
	N	27	27	27	27	27	27	27								
交通网络通达度	Pearson Correlation	−0.376	−0.403*	−0.299	−0.230	−0.111	−0.344	−0.631**	−0.260							
	Sig. (2−tailed)	0.053	0.037	0.130	0.248	0.580	0.079	0.000	0.191							
	N	27	27	27	27	27	27	27	27							
首位城市规模	Pearson Correlation	0.403*	0.280	0.627**	0.310	0.211	0.368	−0.644**	0.688**	−0.265						
	Sig. (2−tailed)	0.037	0.157	0.000	0.116	0.290	0.059	0.000	0.000	0.181						
	N	27	27	27	27	27	27	27	27	27						
1978年年末人口数	Pearson Correlation	0.191	−0.002	0.085	−0.524**	0.188	−0.149	0.639**	0.234	0.510**	0.012					
	Sig. (2−tailed)	0.339	0.992	0.672	0.005	0.347	0.458	0.000	0.239	0.007	0.953					
	N	27	27	27	27	27	27	27	27	27	27					
1978年全社会固定资产投资	Pearson Correlation	0.429*	0.455*	0.427*	−0.152	0.134	0.251	−0.161	0.603**	−0.073	0.449*	0.464*				
	Sig. (2−tailed)	0.026	0.017	0.026	0.448	0.506	0.206	0.422	0.001	0.719	0.019	0.015				
	N	27	27	27	27	27	27	27	27	27	27	27				

附表 2（续）

指标1 ＼ 指标2		劳动生产率	投资产出率	经济关联度	劳动力质量	资本劳动比	多中心度	集聚度	空间紧凑度	交通网络通达度	首位城市规模	1978年年末人口数	1978年全社会固定资产投资	1978年农作物播种面积	2000年中心度	2000年中心城市规模
1978年农作物播种面积	Pearson Correlation	0.042	-0.054	-0.178	-0.692**	0.079	-0.272	0.802**	-0.045	0.624**	-0.253	0.921**	0.333			
	Sig. (2 - tailed)	0.834	0.789	0.376	0.000	0.696	0.171	0.000	0.822	0.001	0.203	0.000	0.089			
	N	27	27	27	27	27	27	27	27	27	27	27	27			
2000年中心度	Pearson Correlation	-0.167	0.135	0.181	0.143	-0.248	0.531**	-0.438*	0.112	-0.014	0.349	-0.265	0.169	-0.310		
	Sig. (2 - tailed)	0.404	0.502	0.365	0.477	0.212	0.004	0.022	0.578	0.943	0.074	0.182	0.400	0.116		
	N	27	27	27	27	27	27	27	27	27	27	27	27	27		
2000年中心城市规模	Pearson Correlation	0.303	0.308	0.546**	0.297	0.098	0.436*	-0.669**	0.601**	-0.257	0.947**	-0.048	0.412*	-0.287	0.449*	
	Sig. (2 - tailed)	0.125	0.118	0.003	0.132	0.626	0.026	0.000	0.001	0.196	0.000	0.813	0.003	0.147	0.019	
	N	27	27	27	27	27	27	27	27	27	27	27	27	27	27	

附表 3　2000 年工具变量与各指标相关系数

指标1 ＼ 指标2		劳动生产率	投资产出率	经济关联度	集聚度	中心度	空间紧凑度	交通网络通达度	1995年中心度	1978年农作物播种面积	1978年社会固定资产投资	1978年年末人口数	1995年首位城市规模
劳动生产率	Pearson Correlation												
	Sig. (2 - tailed)												
	N												
投资产出率	Pearson Correlation	0.261											
	Sig. (2 - tailed)	0.189											
	N	27											
经济关联度	Pearson Correlation	0.053**	0.180										
	Sig. (2 - tailed)	0.007	0.369										
	N	27	27										

附表3（续）

指标1	指标2	劳动生产率	投资产出率	经济关联度	劳动力质量	资本劳动比	集散度	中心度	空间紧凑度	交通网络通达度	中心城市规模	1995年中心度	1978年农作物播种面积	1978年社会固定资产投资	1978年全年末人口数	1995年首位城市规模
劳动力质量	Pearson Correlation	0.396*	-0.170	0.428*												
	Sig. (2-tailed)	0.041	0.396	0.028												
	N	27	27	27												
资本劳动比	Pearson Correlation	0.742**	-0.189	0.408*	0.299											
	Sig. (2-tailed)	0.000	0.401	0.035	0.129											
	N	27	27	27	27											
集散度	Pearson Correlation	-0.199	0.449*	-0.458*	-0.531**	-0.157										
	Sig. (2-tailed)	0.321	0.019	0.016	0.004	0.436										
	N	27	27	27	27	27										
中心度	Pearson Correlation	-0.007	-0.209	0.130	-0.022	0.014	-0.452*									
	Sig. (2-tailed)	0.971	0.296	0.518	0.911	0.946	0.018									
	N	27	27	27	27	27	27									
空间紧凑度	Pearson Correlation	0.274	0.527**	0.435*	0.043	0.185	0.095	-0.058								
	Sig. (2-tailed)	0.167	0.005	0.023	0.832	0.357	0.638	0.773								
	N	27	27	27	27	27	27	27								
交通网络通达度	Pearson Correlation	-0.114	0.423*	-0.078	-0.330	-0.180	0.578**	-0.160	0.099							
	Sig. (2-tailed)	0.570	0.028	0.700	0.093	0.370	0.002	0.424	0.622							
	N	27	27	27	27	27	27	27	27							
中心城市规模	Pearson Correlation	0.471*	-0.037	0.446*	0.384*	0.173	-0.644**	0.449*	0.086	-0.175						
	Sig. (2-tailed)	0.013	0.854	0.020	0.048	0.388	0.000	0.019	0.671	0.383						
	N	27	27	27	27	27	27	27	27	27						
1995年中心度	Pearson Correlation	0.016	-0.385*	-0.067	0.111	0.046	-0.357	0.512**	-0.313	-0.165	0.295					
	Sig. (2-tailed)	0.939	0.047	0.741	0.581	0.821	0.067	0.006	0.111	0.411	0.135					
	N	27	27	27	27	27	27	27	27	27	27					

参 考 文 献

［1］曼纽尔·卡斯特.网络社会的崛起［M］.夏铸九,译.北京:社会科学文献出版社,2006.

［2］高汝熹,吴晓隽.上海大都市圈结构与功能体系研究［M］.上海:上海三联书店,2007.

［3］吴艳玲.中国城市化的历史进程、现状及对策［J］.经济研究导刊,2009(36):147-148.

［4］CAPELLO R. The city network paradigm:Measuring urban network externalities［J］. Urban Studies,2003,37(11):1925-1945.

［5］CAPELLO R,CAMAGNI R. Beyond optimal city size:An evaluation of alternative urban growth patterns［J］. Urban Studies,2000,37(9):1479-1496.

［6］PHELPS N A,FALLON R J,WILLIAMS C L. Small firms,borrowed size and the urban-rural shift［J］. Regional Studies,2001,35(7):613-624.

［7］Parr J B. Agglomeration economies:Ambiguities and confusions［J］. Environment and Planning A,2002,34(4):717-731.

［8］BOIX R,TRULLÉN J. Knowledge,networks of cities and growth in regional urban systems［J］. Papers in Regional Science,2007,86(4):551-574.

［9］陆大道,樊杰.2050:中国的区域发展:中国至2050年区域科技发展路线图研究报告［M］.北京:科学出版社,2009.

［10］徐国鑫,金晓斌,周寅康.基于DEA和空间自相关的我国土地市场化程度分析［J］.地理与地理信息科学,2011,27(5):64-68.

［11］BLAUT J M. Space and process［J］. The Professional Geographer,1961,13(4):1-7.

［12］约翰斯顿R J.地理学与地理学家:1945年以来的英美人文地理学［M］.唐晓峰,译.北京:商务印书馆,1999.

［13］约翰斯顿R J.人文地理学词典［M］.柴彦威,译.北京:商务印书馆,2004.

［14］SCHAEFER F K. Exceptionalism in geography:A methodological examination［J］. Annals of the Association of American Geographers,1953,43(3):226-249.

［15］ Gregory D,Urry J. Social relations and spatial structures［M］. London：Macmillan，1985.

［16］ 奥古斯特·廖什.经济空间秩序：经济财货与地理间的关系［M］.王守礼,译.北京：商务印书馆,1995.

［17］ 张鹏,杨青山,杜雪,等.哈尔滨市社会变迁对城市空间结构演变的影响［J］.经济地理,2009,29（9）：1469－1474.

［18］ 埃德加·M.胡佛.区域经济学导论［M］.王翼龙,译.北京：商务印书馆,1990.

［19］ 藤田昌久,保罗·克鲁格曼,安东尼·J.维纳布尔斯.空间经济学：城市、区域与国际贸易［M］.梁琦,译.北京：中国人民大学出版社,2011.

［20］ 杜能.孤立国同农业和国民经济的关系［M］.吴衡康,译.北京：商务印书馆,2009.

［21］ 胡兆量.中国区域发展导论［M］.北京：北京大学出版社,1999.

［22］ 韦伯.工业区位论［M］.李刚剑,译.北京：商务印书馆,2010.

［23］ 克里斯塔勒.德国南部中心地原理［M］.常正文,译.北京：商务印书馆,1998.

［24］ 李小建.经济地理学［M］.北京：高等教育出版社,1999.

［25］ PARR J B. Supply areas and optimal spatial structure［J］. Journal of Regional Science,1993,33（2）：167－186.

［26］ PARR J B. Alternative approaches to market-area structure in the urban system ［J］. Urban Studies,1995,32（8）：1317－1329 .

［27］ PARR J B. The law of market areas and the size distribution of urban centers［J］. Papers in Regional Science,1997,76（1）：43－68.

［28］ 甄峰.信息时代的区域空间结构［M］.北京：商务印书馆,2004.

［29］ 陆大道.区位论及区域分析方法［M］.北京：科学出版社,1988.

［30］ 王至元,曾新群.论中国工业布局的区位开发战略：兼评梯度理论［J］.经济研究,1988（1）：66－73.

［31］ 杨吾扬.经济地理学、空间经济学与区域科学［J］.地理学报,1992（6）：561－569.

［32］ 陆大道.中国工业布局的理论与实践［M］.北京：科学出版社,1990.

［33］ 李诚固.东北老工业基地衰退机制与结构转换研究［J］.地理科学,1996（2）：106－114.

［34］ 李小建.新产业区与经济活动全球化的地理研究［J］.地理科学进展,1997（3）：16－23.

［35］ 许学强,周一星,宁越敏.城市地理学［M］.北京：高等教育出版社,2003.

［36］ 魏清泉.区域规划原理和方法［M］.广州：中山大学出版社,1994.

[37] 陈良文,杨开忠.生产率、城市规模与经济密度:对城市集聚经济效应的实证研究[J].贵州社会科学,2007(2):113-119.

[38] 于洪俊,宁越敏.城市地理概论[M].合肥:安徽科技出版社,1984.

[39] 李仁贵.区域经济发展中的增长极理论与政策研究[J].经济研究,1988(9):63-70.

[40] 陆大道.我国区域开发的宏观战略[J].地理学报,1987,42(2):97-105.

[41] 魏心镇,韩百中.沿黄河地带:我国国土开发布局轴线[J].地理学报,1992,47(1):12-21.

[42] 顾朝林,赵晓斌.中国区域开发模式的选择[J].地理研究,1995,14(4):8-22.

[43] 谢守红.大都市区的空间组织[M].北京:科学出版社,2004.

[44] 何伟.区域城镇空间结构与优化研究[M].北京:人民出版社,2007.

[45] 顾朝林.集聚与扩散[M].南京:东南大学出版社,2000.

[46] 韦伟,赵光瑞.日本都市圈模式研究综述[J].现代日本经济,2005,140(2):40-45.

[47] MEIJERS E J,BURGER M J. Urban spatial structure and labor productivity in u. s. metropolitan areas[A]. The 2009 Regional Studies Association Annual Conference. Leuven,Belgium,Regional Studies Association,2009.

[48] 许学强,叶嘉安,张蓉.我国经济的全球化及其对城镇体系的影响[J].地理研究,1995,14(03):1-13.

[49] 陆玉麒.区域发展中的空间结构研究[M].南京:南京师范大学出版社,1998.

[50] 马歇尔.经济学原理[M].朱志泰,陈良璧,译.北京:商务印书馆,1997.

[51] 梁琦,钱学锋.外部性与集聚:一个文献综述[J].世界经济,2007(2):84-86.

[52] ARROW K J. The economic implications of learning by doing[J]. Review of Economic Studies,1962(29):155-173.

[53] ROMER P M. Increasing returns and long-run growth[J]. Journal of Political Economy,1986(94):1002-1037.

[54] JACOBS J. The economy of cities[M]. New York:Vintage,1970.

[55] HARRISON B,KELLY M,GANT J. Diversity in local economies:The implications for private-sector behavior[J]. Cityscape,2006(2):61-93.

[56] FRANKEN K,VOORT F G,VERBURG T. Related variety,unrelated variety and economic growth[J]. Regional Studies,2007(41):685-697.

[57] FOGARTY M S,GAROFALO G A. Urban spatial structure and productivity growth in the manufacturing sector of cities[J]. Journal of Urban Economics,1988,23(1):60-70.

[58] GLAESER E L, KALLAL H D, SCHEINKMAN J A, et al. Growth in Cities[J]. The Journal of Political Economy, 1992, 100(6):1126 - 1152.

[59] 丁四保, 王荣成. 区域经济学[M]. 北京:高等教育出版社, 2003.

[60] BLACK D, HENDERSON V . A theory of urban growth[J]. Journal of Political Economy, 1999, 107(2):252 - 284.

[61] FUJITA M, THISSE J F. Economics of agglomeration:Cities, industrial location, and regional growth [M]. Cambridge : Press Syndicate of the University of Cambridge, 2002.

[62] BURCHELL R W, LISTOKIN D, GALLEY C C. Smart growth:More than a ghost of urban policy past, less than a bold new horizon[J]. Housing Policy Debate, 2000, 11(4):821 - 879.

[63] PHELPS N A, OZAWA T. Contrasts in agglomeration:Proto-industrial, industrial and post-industrial forms compared[J]. Progress in Human Geography, 2003 (27):583 - 604.

[64] SASSEN S. Megaregions:Benefits beyond sharing trains and parking lots[J]. The Economic Geography of Mega-Regions, 2007(8):59 - 83.

[65] PRUD HOMME, LEE C W. Size, sprawl, speed and the efficiency of cities[J]. Urban Studies, 1999, 36(11):1849 - 1858.

[66] CERVERO R. Efficient urbanization:Economic performance and the shape of the metropolis[J]. Urban Studies, 2001, 38(10):1651 - 1671.

[67] Parr J B. Cities and regions:Problems and potentials [J]. Environment and Planning A, 2008, 40(12):3009 - 3026.

[68] OORT F, BURGER M, RASPE O. On the economic foundation of the urban network paradigm:Spatial integration, functional integration and economic complementarities within the Dutch Randstad[J]. Urban Studies, 2010, 47(4): 725 - 748.

[69] CICCONE A, HALL R E. Productivity and the density of economic activity[J]. The American Economic Review, 1996, 86(1):54 - 70.

[70] 丁成日. 空间结构与城市竞争力[J]. 地理学报, 2004, 59(增1):85 - 92.

[71] 韦亚平, 赵民. 都市区空间结构与绩效:多中心网络结构的解释与应用分析 [J]. 城市规划, 2006, 30(4):9 - 16.

[72] 周一星. 城市化与国民生产总值关系的规律性探讨[J]. 人口与经济, 1982 (1):28 - 33.

[73] 陆大道. 关于"点 - 轴"空间结构系统的形成机理分析[J]. 地理科学, 2002, 22 (1):1 - 6.

[74] 李小建,樊新生.欠发达地区经济空间结构及其经济溢出效应的实证研究:以河南省为例[J].地理科学,2006,26(1):1-6.

[75] 陈良文,杨开忠,沈体雁,等.经济集聚密度与劳动生产率差异:基于北京市微观数据的实证研究[J].经济学,2008,8(1):100-115.

[76] 朱丽霞."借用规模"与非都市区企业的发展[J].经济地理,2009,29(3):420-424.

[77] 石灵云.产业集聚、外部性与劳动生产率:来自中国制造业四位数行业的证据[M].上海:立信会计出版社,2010.

[78] 孙铁山,李国平,卢明华.基于区域密度函数的区域空间结构与增长模式研究:以京津冀都市圈为例[J].地理科学,2009,29(4):500-507.

[79] CERVERO R. Efficient urbanization:Economic performance and the shape of the metropolis[J]. Urban Studies,2001,38(10):1651-1671.

[80] GLAESER E L,KAHN M E. Sprawl and urban growth[J]. Handbook of Regional Science and Urban Economics,2004,56(4):2481-2527.

[81] CAPELLO R,CAMAGNI R. Beyond optimal city size:An evaluation of alternative urban growth patterns[J]. Urban Studies,2000,37(9):1479-1496.

[82] KLOOSTERMAN R C,MUSTERD S. The polycentric urban region:towards a research agenda[J]. Urban Studies,2001,38(4):623-633.

[83] 孙斌栋,潘鑫.城市空间结构对交通出行影响研究的进展:单中心与多中心的论争[J].城市问题,2008,150(1):19-28.

[84] CERVERO R,WU K L. Sub-centering and commuting:Evidence from the San Francisco bay area[J]. Urban Studies,1998(7):1059-1076.

[85] SCHWANEN T,DIELEMAN F M,Dijstm. Travel behavior in Dutch monocentric and policentric urban systems[J]. Journey of Transport Geography,2001,9(3):173-186.

[86] NAESS P,SANDBERG S L. Workplace location,modal split and energy use for commuting trips[J]. Urban Studies,1996,33(3):357-380.

[87] GORDON P,RICHARDSON H W,JUNM J. Are compact cities a desirable planning goal?[J]. Journey of American Planning Association,1997,63(1):95-106.

[88] 万霞,陈峻,王炜.我国组团式城市小汽车出行特性研究[J].城市规划学刊,2007(3):86-89.

[89] PARR J B. Perspectives on the city-region[J]. Regional Studies,2005,39(5):555-566.

[90] MEIJERS E. Polycentric urban regions and the quest for synergy:Is a network of

cities more than the sum of the parts[J]. Urban Studies,2005,42(4):765 – 781.

[91] JOHANSSON B,QUIGLEY J M. Agglomeration and networks in spatial economies [J]. Papers in Regional Science,2003,85(1):165 – 176.

[92] 林炳耀. 城市空间形态的计量方法及其评价[J]. 城市规划汇刊,1998(3): 42 – 45.

[93] 武进. 中国城市形态:结构、特征及其演变[M]. 南京:江苏科学技术出版社,1990.

[94] 方创琳,祁巍锋,宋吉涛. 中国城市群紧凑度的综合测度分析[J]. 地理学报, 2008,62(10):1011 – 1021.

[95]《地理学词典》编辑委员会. 地理学词典[M]. 上海:上海辞书出版社,1983.

[96] 陈彦光,刘继生. 基于引力模型的城市空间互相关和功率谱分析:引力模型的理论证明、函数推广及应用实例[J]. 地理研究,2002,21(6):742 – 752.

[97] 胡序威. 沿海城镇密集地区空间集聚与扩散研究[J]. 城市规划,1998,22(6): 22 – 28.